领头雁

衡阳市企业发展“船山论坛”

主　编　何旭娟

副主编　翟亮月　李海洋

東方出版中心

图书在版编目（CIP）数据

领头雁：衡阳市企业发展“船山论坛”/何旭娟主编．—上海：东方出版中心，2021.8
ISBN 978-7-5473-1874-4

Ⅰ．①领… Ⅱ．①何… Ⅲ．①企业发展－衡阳－文集
Ⅳ．①F279.276.43-53

中国版本图书馆CIP数据核字（2021）第153990号

领头雁：衡阳市企业发展“船山论坛”

主　　编　何旭娟
责任编辑　肖春茂　冯　媛
装帧设计　钟　颖

出版发行　东方出版中心
地　　址　上海市仙霞路345号
邮政编码　200336
电　　话　021-62417400
印 刷 者　上海利丰雅高印刷有限公司

开　　本　710mm×1000mm　1/16
印　　张　13.5
字　　数　152千字
版　　次　2021年8月第1版
印　　次　2021年8月第1次印刷
定　　价　88.00元

序

船山论坛为衡阳市人民政府创办。船山即王船山，本名王夫之，船山是后人的尊称。船山先生诞生于1619年，2019年是其诞辰400周年。为了纪念这位伟大的思想家、哲学家、文学家，船山论坛应运而生。本书是船山论坛的精华，是论坛内容的全新呈现方式，是论坛生命力的延续和升华。

“西方有个黑格尔，东方有个王船山。”作为衡阳的一张世界级名片，船山先生不仅代表了一个人，更代表了一座需要仰视的文化名山。他是中华文脉的保存者与弘扬者，是中国古代哲学史上的高峰，是湖湘学派思想文化遗产的集大成者，是湖湘学派发展的重要里程碑。

维新志士谭嗣同说：“五百年来学者，真通天人之故者，船山一人而已。”章太炎分析辛亥革命成功的思想源头时说：“船山学术，为汉族光复之原。近代倡议诸公，皆闻风而起者，水源木本，端在于斯。”孙中山推崇船山思想，创设了船山学社。毛泽东两次为船山学社题词，高度评价船山思想。习近平总书记称赞王船山是一位具有深刻历史影响力的思想家，其名言警句成为习近平总书记用典的“多频词库”。习近平总书记引用船山先生的“名非天造，必从其实”“新故相推，日生不滞”“知行相资以为用”“理者，物之固然，事之所以然也”等名言，来阐述当代中国社会主义现代化建设之义理精神。船山思想是一条源深流长的大河，一座令人

“仰之弥高，钻之弥坚”的高峰，具有跨越时空、历久弥新的精神魅力。

从船山书院到船山论坛，既是跨越，更是升华。在大众创业万众创新的大潮中，衡阳市人民政府市长朱健同志发起创办船山论坛。朱健同志在上海交通大学工作时，对创新创业教育已有深入研究和系统实践。以船山论坛来厚植创新创业文化，使得创新创业的实践活动继承中华优秀文化传统，开出刚健有为、修身尚德、为国利民、日进日新、兴邦致用的新境界，堪称为持续深入地推进大众创业万众创新事业找到了一个好载体。论坛由衡阳市金融办、衡阳市科技局、共青团衡阳市委、南华大学等单位共同主办，于2020年3月28日在衡阳市东洲岛船山书院正式启动，持续、定期在船山书院举行，为衡阳市的企业搭建了一个与国内知名创业导师交流的平台。

船山论坛之成功创办及科学运行模式本身即是创新创造。“新故相推，日生不滞”，充分吸收船山先生以天下为己任的精神内涵；“六经责我开生面”，全面吸取来自长江三角洲、珠江三角洲的名校、名企、名家智慧，博采众长；“知行相资以为用”，深入吸纳实事求是的精髓，在理论与实践紧密结合中寻求真理，以达经世致用。而今，接续推进，已历四十余期；深度耕耘，运行日臻完善。成效初显，社会普遍关注；效益日彰，民众普遍认可。

随着影响的日益扩大，越来越多的创新创业者希望分享船山论坛的成果。大家普遍认识到，这里的经验、这里的方法、这里的思想，如果仅仅停留于几次论坛，拘囿于一方东洲岛，就会显得有违于发起论坛的初衷。为了让论坛走出论坛之一地，走向更加广阔之天地，由南华大学牵头主编，汇聚各方力量，对每期论坛内容予以精心整理、精益创作、精准再现。积两年之功，竟初创之业，使得船山论坛的经验、方法和思想造福于更广泛的企业家和创业者。

本书涵括每一期船山论坛的全部内容，以论坛举办先后为顺序，围绕每期主题，采用“企业路演+导师支招”模式，形成两大特点：一是实用性强。通过企业发展案例的分析，导师团从创业精神、创业理论、创业实践等维度提出具体解决方略，以专业视角“把脉问诊”，为企业发展出谋划策。二是可读性强。论坛精华部分是导师团的现场分享和指导，也是广大导师思想精髓的集大成者，通俗易懂，不仅值得广大企业家和企业管理者阅读学习，而且可以作为创新创业读本供青年大学生阅读。这不仅能够为广大企业转型升级、科技创新、结构优化提供先进的理念与发展思路，而且可以帮助从0到1的创业者拓宽视野、增强自信、掌握秘诀，让创业之人不再孤独，让创业之事不再盲目！

让船山论坛延展生命力、扩大影响力、提升软实力是本书的初衷，让广大读者和创新创业者受教受益受用是本书的愿景，让实事求是、经世致用、趋时更新的船山精神得以广泛弘扬是本书的价值。揽书在手，发现预想之初衷愿景价值均已实现，特作以上感想，以为祝贺。

是为序。

王占仁

2021年6月21日

［王占仁，东北师范大学思想政治教育研究中心教授、博士生导师。现任东北师范大学党委常委、副校长。国家高层次人才“万人计划”哲学社会科学领军人才、中宣部文化名家暨“四个一批”人才。创立“广谱式”创新创业教育体系，形成“导论”“通论”“概论”系列论著。获第八届高等学校科学研究优秀成果奖（人文社会科学）一等奖。］

目录

船山论坛（第一期）

工业应用场景与应用科技

本期金句

创业最怕的就是小牛拉大车。如果你要上市，送你四个字：简单量大。一定要记住在离黄金最近的地方挖坑，在一个细分领域，做一个小而美的冠军。

——赵春彦

总结起来就是两点：一要聚焦，二要做得更清晰。

——陈新机

作为传统行业，需要对照上市标准去谋划，关键是怎样把规模做起来。要在最熟悉的领域用心拓展。

——曾若冰

创业项目的成长，需要抓住几个关键点：资源优势、资金优势和技术优势。而要做创业项目，必须明确自己有哪些优势？凭借什么做大做强？

——李洪明

关于融资，企业如果有强大的实力与良好的经营状况以及稳定的效益，银行就会主动放款，愿意放款。

——唐　红

导师团

赵春彦

上海交通大学工学学士、安泰经济与管理学院EMBA，管理学博士。芝麻资本管理有限公司CEO，芝麻金融控股有限公司董事长，上海市成本研究会副会长，上海交通大学创业导师，上海交通大学中国企业发展研究院高级研究员。

陈新机

浙江工业大学学士，清华大学硕士。中国电子视像行业协会副会长，中国风险投资有限公司浙江省分公司总经理。

李洪明

上海交通大学工学学士，安泰经济与管理学院EMBA。现任上海庆芮资本管理合伙人，曾任上海张江高科技园区火炬创业投资负责人，盛大资本合伙人。

曾若冰

中南大学工学学士，武汉大学经济学硕士。湖南财信金融控股集团有限公司党委委员、董事、副总经理，湖南省财信产业基金管理有限公司董事长。

唐 红

华北电力大学学士，湖南绿叶水果创始人、董事长，湖南绿叶农产品初加工有限公司执行董事兼总经理，长沙市绿叶农产品贸易公司执行董事兼总经理。

企业路演

湖南大井电源技术有限公司

曹 柯 大井集团创始人、CEO

2001年广州大井科技有限公司创立。2015年公司把制造中心从广州搬至衡阳，成立了衡阳市迪曼电子产品有限公司。2018年公司在衡阳衡山科学城设立大井集团总部，建立了研发中心、检测中心和智能化生产线，年产电源适配器1 200万只，并且总投资1.2亿元建成了湖南省民营企业首个EMC检测平台，该平台可缩短湖南地区电子产品认证周期30—60天，大大节省了企业的时间和成本，对衡阳市的招商引资和产品标准化生产起到了促进作用。2019年大井医疗迁回衡阳入驻衡山科学城。未来，它将在衡阳大数据中心建立AI人工智能服务器，以衡阳为中心成为众多基层医疗机构的AI人工智能远程分析样板城市，从而在全国医疗单位中推广应用。利用大井医疗的AI人工智能图像核心分析算法，可实现内窥镜领域专家聚集坐诊衡阳市便可远程诊断和远程手术。

导师支招

赵春彦：创业最怕的就是小牛拉大车。企业要上市，必须简单量大。我们要记住在离黄金最近的地方挖坑，在一个细分领域，做一个小而美的冠军。你可以先从产品和技术出发，在对资本市场有一定认识之后，并且有了知名度、美誉度和资本市场的投资能力，再考虑更大的事。要深度思考大井的未来怎么样走，聚焦一个方向，才不会分散精力。

陈新机：大井集团技术含量比较高，公司的聚焦点应该在医疗，作为投资者来说，聚焦分散太多，是投资大忌。医疗器械这块，创意和思路都不错，但是应用场景还只是一个理论科技，不能用作真正的应用科技。你可以尝试向胶囊式医疗设备这个方向发展，现在我们做胃镜和肠镜90%以上都是用胶囊式的设备。最后，我总结两点：一是要聚焦，二是要做得更清晰。

曾若冰：关于你的后期设想，我认为成立商学院是完全没有必要的，这部分完全可以外包。另外，如果公司在两个领域同时发展，建议在一个领域重点突破，通过独立自主学习，降低运营成本。

李洪明：作为医疗上市板块公司的优势不明显，最重要的是要了解同行，要与同行对标，还要对标国外的优秀企业。

朱　健：大井集团是衡阳的骄傲，但不要急于做生态，条件尚不具备。这里提三点建议：第一，在上市前先搞清新定位的产品和行业的细分，上市以后再慢慢做标准、做生态；第二，调整好自己的比较优势，围绕未来的行业生态包括产品作细分，整个链条都离不开与上海的协作；第三，上市一定要找合作伙伴，特别是医疗器械这个细分行业，一定要找国内最顶尖的伙伴合作。

常宁市隆源铜业有限公司

罗 军 常宁市隆源铜业有限公司董事长

公司成立于2018年1月11日，坐落于湖南省常宁市宜阳工业走廊，是一家集铜杆、裸铜线、镀锡线、绞线等产品开发、生产与销售的国家高新技术企业，已获得10项新型专利，并于2019年被授予“湖南省新材料企业”。公司已有生产设备拉丝机、连续退火镀锡两用机、绞线机近280台，建成19条完整的铜加工生产线，并在2019年成为湖南省在精细化铜丝生产领域规模最大的企业，年产能近2万吨，实现产值十多亿元。公司拥有独立产权自建厂房、办公楼、宿舍、食堂等公共设施。公司实行人性化管理，为住宿员工提供24小时热水，并为在厂工作的夫妻提供夫妻房。

公司凭借雄厚的技术力量、先进的生产设备、完善的检测手段、先进科学的现代化管理，制造出大量技术先进、品种齐全、品质优良、价格合理、适销对路的电工产品，赢得了业界的赞誉。随着公司的不断壮大和知名度的不断提高，公司已与湖南湘江电缆、日进电缆、日新传导科技、香港大阳集团等大型知名企业建立了长期、稳定的合作关系。

公司已通过ISO9001:2015质量管理体系认证，产品符合国际最新环保标准。长期以来，公司坚持“信任、意愿、价值、分享”的管理理念，始终贯彻“和谐有序，诚信守法；保护环境，保障安全；持续改进，铸造品牌”的管理方针，竭诚为广大用户提供满意的产品和周到的服务。

导师支招

曾若冰：作为传统行业，需要对照上市标准去谋划，关键是怎样把规模做起来。公司从业的逻辑很好，跟以前的业务是有承接的，在最熟悉的领域用心拓展。下一步的融资，建议做一个上市的方案，尽量找产业协同的投资伙伴。

李洪明：公司项目本身比较简单。其实我们一直在思考，为什么浙江很多人都做不起眼的小螺丝、汽车原配件，技术含量不高，但也上市了。

赵春彦：我有几点疑虑。第一，公司成本如何控制？如果将来成本波动，利润波动就会变大，这个对上市是不利的。第二，公司的规范性及股东结构是怎样的？企业总体上是不错的，但技术上还要升级，要提升规模、提升研发、提升含金量，使投资者觉得这个是有未来的、有发展前景的企业。第三，需要挖掘并找到传统企业的亮点，需要与时俱进。

陈新机：我们常讲“细分领域”，把它做成一个“冠军”是很不容易的。建议把产品销售给集成电路封装厂，这方面可以去开拓一下。

曾若冰：有的传统行业虽然看起来不那么先进、时尚，但只要第一市场规模够大，第二产品比较成型，第三投资风险不大，并且一直坚持，也就能做得非常好。

湖南库里斯智能科技有限公司

谭佳龙 湖南库里斯智能科技有限公司CEO

公司成立于2018年，是一家集无人机研发、技术服务、产品销售、行业应用培训于一体的创新型科技企业。公司于2018年6月取得民航局无人机驾驶航空器经营许可证。目前与南华大学、衡阳工学院签订产学研合作协议，与衡阳电力局以及公安、水利、林业、公路、消防、应急管理等单位达成无人机应用战略合作关系，曾多次使用无人机协助公安部门进行疑犯抓捕、助力消防支队及应急管理部门进行大面积火情监控和反馈等工作。目前公司拥有实用新型专利2项，软件著作权13项，正在实质性审查发明专利10项，公司研制的“医用物流无人机运输系统”已被列入2019年衡阳市科技计划和共青团省委专项扶持计划，公司目前正在研制“高层建筑火灾监测及辅助灭火无人机集成系统”。

导师支招

曾若冰：你的创意很好，需要融资有三个渠道：一是依靠政府，二是银行融资，三是股权融资。可以先找一个业务较好的团体作为融资方，或寻找渠道资源的投资者，用他们积累的经验，带动公司，把量快速做起来，在这个过程中，争取到政府的支持，待业务模式稳定后，再慢慢朝着更好的方向发展，寻求更多的合作伙伴。

陈新机：要解决最后一公里的问题，找合作方是一条非常好的途径。

李洪明：创业项目的成长，需要抓住几个关键点：比如资源优势、资金优势和技术优势。而要做创业项目，必须明确自己有哪些优势，凭借什么做大做强，物流无人机与传统无人机相比有什么区别，产品到底具备哪些核心技术优势符合物流产业的需要，比如说抗震效果特别好、动力特别强或是定位特别准。

唐　红：关于融资，企业如果有强大的实力与良好的经营状况以及稳定的效益，银行就会主动放款，愿意放款。

赵春彦：无人机领域有几大类：比如公路巡逻、警察巡逻、边防巡逻，还有喷农药、播种子以及喷干冰灭火。你们找到了一个很细小的分支点，就要把它变成行业的解决方案，这也是需要攻克的方向。

朱　健：要从产品做起、稳步提档。多维度、全方位考量企业发展：第一个维度是企业的营收和利润，要保证可以养活现在企业里的这些人；第二个维度就是进行技术研发；第三个维度就是基于产业链协同进行定位研发与生产，有些工作可以外包；第四个维度就是考虑与当地战略用户合作，这涉及政府公关；第五个维度是团队；第六个维度是公司的具体运转。每个维度一个圈，以自己为同心圆画不同的圈，画不同的维度。

本期小结

企业做研发应该量力而行、借力而为、乘势而为。专家指出：大井集团电子医疗器械的新产品创新有迪曼电子的生产经验和实验条件的基础，也合乎市场需求，但自己做人工智能算法却没有比较成本优势。常宁市隆源铜业有限公司做传统的铜线材料，能小而精，且诚信为本，注意与大客户维持长期合作关系，难能可贵。如果能进一步争取上市并走上“隐形冠军”的路子，则一定能走向世界。湖南库里斯智能科技有限公司聚焦医用与消防领域无人机的开发生产与运营，当立足本地资源与社会关系，先生存而后谋发展，在实际应用中发现问题、解决问题，并利用小发明撬动大市场。

聚焦生态，智慧互补，打造智慧城市

本期金句

不要为卖产品而卖产品，要从根本上做好服务，要把产品作为整体提升配套的方案之一。

现在企业最大的问题就是卖产品抓效益。作为小企业，第一可以做专，就做一个专门的产品，不要做广；第二可以做特色。

——成党生

要实现技术资本和现金资本的整合，实现财政或科技局乃至金融办等资金的倾斜，让金融科技给企业带来合理的使用费用。

——彭　龙

充分利用互联网平台优势。如一些行业协会，像医疗器械行业协会，让他们进行宣传。

重点突破，形成示范。如抓一些重点的医院总体去突破，形成示范再在整个行业进行推广。

——阳绍伟

怎么把衡阳市级的传统挖掘出来，这是一个企业精神的挖掘，更重要的是怎么把整个国内军工电子行业的优势挖掘到你的公司来。

——夏欣跃

要重新调整产品定位。要在差异中找市场上适合自己公司做的项目，不要什么投标都接着，中了标就去开发，这对于后期的发展不利。

和一个单位做对标，发现自己的不足。通过对标，发现自己的差距在哪里，包括人才也好、技术也好，或者资金、市场也好，要找出你的差距在哪里。

——杨红兵

企业要有自己的比较优势。一是要有技术支撑和技术的基本积累；二是企业的证照要齐全，三是要建立一些渠道的对接。

中国必须先大后强，到现在为止，没有一个企业不是先做大再做强的，因为不做大很难做强起来。在这个领域当中，你的市场占有率达到70%，这是大，这个大也是一个强。

——夏利锋

作为一个创业公司，要快速找到我们的切入口，这在早期是非常关键的一点。

把项目公司变成一个平台型公司，这个平台的核心是我们给政府提供什么样的服务，建一个城市级的智慧消防平台，如果我们这一战略能够实现的话，这就是我们可延续发展的关键了。

——励凌峰

导师团

励凌峰

上海交通大学博士，上海圣博华康城市规划咨询有限公司董事长。上海现代服务业联合会副会长，上海青年高端创意人才，长三角十大文化创意产业领军人物，上海创意产业协会创意设计专委会执行主任，上海现代服务业研究院院长助理。

杨红兵

高级工程师，中国建筑土木建设有限公司湖南区域总经理，中国建筑第八工程局有限公司湖南区域经理。

阳绍伟

研究员级高级工程师，现任中铝环保节能科技（湖南）有限公司总经理，长沙有色冶金设计研究院有限公司副总工程师。

成党生

高级工程师，苏商第十集团总裁。

朱宝军

博士研究生，南京新能极齿轮技术有限公司创始人、总经理，安立国际物流（上海）有限公司创始人、总经理，方通汽车物流（北京）有限公司董事，Sinergy Engineering Technology Company Ltd.(HK)执行董事。

夏欣跃

上海交通大学管理科学博士，好孩子集团执行董事、首席运营官、首席竞争力官。

彭　龙

高级经济师，中国建设银行长沙木莲东路支行行长。

夏利锋

天津先进技术研究院副院长，国防科技大学博士、研究员级高级工程师，曾任长沙中电软件园董事长，多次获得军队科技进步奖、湖南省科技进步奖等荣誉。

企业路演

衡阳桑谷医疗机器人有限责任公司

张建中　衡阳桑谷医疗机器人有限责任公司董事长

公司于2017年入驻衡阳市衡山科学城，是一家集研发、生产、销售为一体的高新技术企业。作为湖南省技术创新和科技成果产业化基地，公司目前围绕自动配置药物智能机器人系统在申请及已取得专利15项。2018年11月注射器取得医疗器械注册证，使桑谷成为国产唯一证照齐全的高新技术企业。

2020年，公司核心研发部门不断对Idolphin6进行创新升级，新一代Idolphin7有望小规模生产，在配药速度、精准度上面进一步提升。智能静脉药物调配机器人作为人工智能新型产业链，给医院、患者带来极大的福音。Idolphin6在南华附二投入使用一年时间，整体运营状况良好，大大提高了医院配药的自动化，同时，减少了人工配药过程中的差错概率。

作为湖南制造强省建设重点项目（第二批）之一，投产后该款“配药机器人”能够填补国内“医用配药机器人”的空白，公司工艺装备水平达到国内先进，高端医疗机器人的生产能力将在三至五年内大幅提升。据统计，该项目将有千亿元左右的市场，市场经济效益可观，并且能够产生高额的税收，有可能成为衡阳转型升级的领军企业。

导师支招

成党生：现在医院市场化程度相对不高，通过市场化途径销售公司产品，进入医院的壁垒重重，那么怎样打破壁垒？我认为不要为卖产品而卖产品，要从根本上做好服务，把产品作为整体提升配套的方案之一。比如营销这一块，医院都是以科室为单位的，可以首先给医院每个科室提供一个整体化的提升方案，包括定时用药、配药用药步骤的提醒、医患关系的改善等，使科室整体的服务水平提升一个台阶；然后再把产品放进去，把产品在量上的作用说出来。此外，对于抗生素浓度的问题，如果说药物在人身体消化一次是8个小时，绝对不能这次的间隔是5个小时，下次是12个小时，要想办法解决这个问题。

彭　龙：作为这次导师团唯一一位银行系统的评委，我提几个问题：第一是智慧护理系统的构建如何融合的问题。因为机器人的服务对象是人，涉及道德风险方面的责任权利要更细化。第二是标准护理程序和PDCA双循环研发的医护协作一体化护理系统怎么落地的问题。即医疗器械企业如何定位，如何运营互联网医院。第三是医药营销费用和合规管理应用的问题。我的建议是：实现技术资本和现金资本的整合。衡阳市政府给公司提供有力的支持，实现财政或科技局乃至金融办等资金的倾斜，让金融科技给企业带来合理的使用费用。这中间还有一个环节，医疗器械行业的营销规则，怎样克服还需要深入探讨。

阳绍伟：我提出几个想法：第一是充分利用互联网平台优势。如一些行业协会，像医疗器械行业协会，让他们进行宣传。第二是重点突破，形成示范。如抓一些重点的医院总体去突破，形成示范再在整个行业进行推广。第三是用怎样的模式去推广。是推产品，还是推服务？建议从环保安全的角度推广，从员工的身体健康方面推广，可能更容易从下到上达成共识，这些方面可以做些工作。

夏利锋：第一个是产品在同行与标杆产品比的差异和优势在哪里？如果能用好在衡阳的一些优势资源，与其在全国大面积推广，还不如往一个城市的医院推广。第二个是在科技成果管理的角度上有很多政策的应用，从少排放也好，或是通过一些科技成果的鉴定以及跟相关高校的一些合作，把高端的、高性能的、智能制造的机器人的自动化设备，通过行业专家的背书，对产品检测、评价能够得到第三方的结论，进一步提升产品的科技含量或者产品的成熟度。

朱宝军：我认为，还是聚焦区域内有影响力的重点医院，形成产品的迭代与升级跟进，这样将来在市场再复制也是很容易的。关键是产品升级这一块有医院的真正背书，比专家评审应该更有说服力。

励凌峰：我从运营的角度提两点建议：第一，无论和谁怎么合作，最重要的是客户——医院的投入产出一定要清楚，要让医院对产品性价比满意，这个很关键，就是把To B（企业）这个账做透。第二，就是To C（用户）的经验，怎么让用户得到更好的体验。给你两个建议，一个是To B一本账，一个是To C这本账！

湖南利美防爆装备制造股份有限公司

曹　弋　湖南利美防爆装备制造股份有限公司CEO

公司是一家集衡阳特有的地理、制造、人才、技术、管理、信息和现代物流优势于一体的科技型企业，在国内蓄电池工业车辆生产方面产品齐全、生产规模大，是国内生产各类防爆型蓄电池工业车辆最早的企业，产品畅销国内外市场。公司通过了GB/T19001-2008质量体系认证，生产的系列产品经国家质量监督检验检疫总局检测合格，获颁国家特种设备制造许可证。公司所生产的防爆蓄电池叉车、搬运车、牵引车、采样车、游览车、堆垛车等产品，经国家防爆电气产品质量监督检验中心检测合格，获得国家防爆电气产品防爆合格证书。公司现有发明专利7项，实用新型专利17项，在申报受理阶段的发明专利15项。

衡利美防爆系列工业车辆是国家安全环保的新能源产品，被广泛用于石油、化工、航天、纺织、军用仓库、造漆、制药、铁路等行业。其防爆性能安全可靠，防爆标志为Exsd Ⅱ BT4。产品具有安全、环保、操作灵活简单、动力强劲持久、性能稳定、维修方便等特点，深受广大用户青睐。

公司成立以来，一直秉承“以质量求生存，以管理谋效益，以创新求发展，以人为本，用户至上”的经营理念，以专业、敬业、诚信的态度服务于用户，赢得客户的广泛尊重与信赖，是中石化、中石油、中海油等著名企业的入网供应商和合作伙伴。

导师支招

朱宝军：你的产品分两类，一类是搬运车，一类是电动车辆，电动车用的是锂电池。外观及其他方面跟普通的工业产品相比，我个人觉得是有差距的。首先，外观没有亮点。外观的设计从民用市场来看，跟客户的期望值有一些差距，模具做得不好，你要靠着外观好的模具来支撑。其次，不建议做多。我担心你的面做得太广，你的注意力，包括你的精力、人员配置都会太分散。我看了你车间的照片，装备水平不是很高，都是普通的车床、铣床之类。最后，拓展公司的应用场景。比如说化工企业，还有一些危险品码头，全国这样的项目很多，它本身的应用场景都会对防爆有需求，我觉得你可以往这方面拓展一下。

成党生：我认为现在企业最大的问题就是卖产品抓效益。作为小企业，第一你可以做专，就做一个专门的产品，不要做广；第二可以做特色。我认为游览车可能会很有前途，比如说小孩子的卡通车，每个市帮它做一个具有地方标志的卡通车，也是很有商机的。你可以为衡阳市装备设计一个有4标的这种旅游车，首先衡阳市的市场就很大，如衡山，我们的旅游车为什么用别人的？有些理想太远了，我们就活在当下，迅速地做一下。

夏欣跃：首先怎么把衡阳市级的传统挖掘出来，这是一个企业精神的挖掘，更重要的是怎么把整个国内军工电子行业的优势挖掘到你的公司来。其次，怎么从一个项目型公司转化成一个产品型的公司，你面对了很多军工单位，你把这些场景里的某一个项目做透，满足军工的需求，这个容量是非常巨大的，整个公司的竞争力将会大幅提升。另外还有一个维度，在智慧阵地的这样一些大的项目上面，我觉得你有非常多的机会。第三，做好军民融合。在民警、民爆等领域里面做好，把军工的防爆能力转化成特定的民营装备的核心能力，应该也会有很大的市场空间。当你把这些瓶颈解决以后，你的人才招聘的问题、社会投入的问题，都能够得到一个良性转化的解决。

杨红兵：首先，要重新调整产品定位。要在差异中找市场上适合自己公司做的项目，不要秘密渠道，不要什么投标都接着，中了标就去开发，这对于后期的发展不利。其次，和一个单位做对标，发现自己的不足。通过对标，发现自己的差距在哪里，包括人才也好、技术也好，或者资金、市场也好，要找出你的差距在哪里。

夏利峰：首先，这个企业要有自己的比较优势。一是要有技术支撑和技术的基本积累；二是企业的证照要齐全；三是要建立一些渠道的对接。其次，项目要转化成产品，一是在物流转运过程中，包括托盘，包括转移过程中的集装箱、多式联运，这些装备车辆跟不上。二是智能网联起步肯定有点慢，人才积累也比较少，电瓶车跟智能网联和无人驾驶结合起来可以做。三是可以做智能停车，未来市场也比较大，一个走物流，一个走智能网联。最后，再谈谈关于做大和做强的关系。中国必须先大后强，到现在为止，没有一个企业不是走先做大再做强的，因为不做大很难做强起来。在这个领域当中，你的市场占有率达到70%，这是大，这个大也是一个强。

湖南特致珈物联科技有限公司

李海成 湖南特致珈物联科技有限公司联合创始人

公司成立于2018年12月24日，位于湖南省衡阳市高新区，是一家专业从事智慧消防云大数据平台基础研发及运营、新型物联消防传感设施硬件研产销一体化的综合型高新技术企业。

特致珈在传统消防的基础上，充分利用物联网、互联网、云计算、大数据、区块链等高新技术，通过不断创新实践，成功将传统消防提升为智能化、信息化的智慧消防，为客户提供更优质、更全面的物联网智能化解决方案，推动物联网产业发展。

公司现拥有基于物联网大数据平台的软件著作权29项，并自主研发了基于物联传感器的用电火灾自动控制器、可燃气体探测器、无线粉尘探测器、无线烟感探测器、液位自动检测器、烟火识别摄像机等20多款新型智慧消防硬件产品。目前已有多款产品正在申报实用新型专利，未来将推出几款核心产品申报发明专利。同时，公司积极与全国各地多所高等院校联合申报共建实验室。截至目前，在苹果官方应用市场、安卓市场、百度应用、微信小程序等平台上均有上线。

导师支招

励凌峰：提几点建议，前面我们在智慧城市等领域衍生出了一个小的细分的领域，这块市场空间和前景确实非常巨大。首先，作为一个创业公司，要快速找到我们的切入口，这在早期是非常关键的一点。先把现有核心以技术优势为驱动的或者整体能力为驱动的系统集成为示范项目，形成可复制和推广的样板点。其次，把项目公司变成一个平台型公司，这个平台的核心是我们给政府提供什么样的服务，建一个城市级的智慧消防平台，如果我们这一战略能够实现的话，这就是我们可延续发展的关键了。最后，进一步通过城投公司跟政府的资本进行运作结合，特别是以政府国资为背景的这种机构参与以后，我们就能够掌握快速区域复制的能力。

彭　龙：首先，关于资金的问题，建行今年推出的社会责任报告，要用新金融行动回应。结合消防新互联，这里面有一个关于新金融+高科技的工具。现在各大银行，特别是四大国有银行都在做金融高科，用金融科技推动新金融工作。其次，因为消防具体涉及人的财产、生命以及物质，我觉得也可以结合保险公司做经营方案，形成一个合力。此外，如果能够植入到应急管理局里面来，推行智能消防、智慧消防的事情，特别是有财政拨款的这方面的项目，我觉得推起来应该比较容易。最后，至于企业投资的问题，你还是要用市场的手段。

导师团总结点评

励凌峰：我讲两个感受，四条建议。

第一个感受，在疫情严重影响经济的情况下，我们三位企业家，张总是第二次创业，要创一个新的IPO的公司，曹总的公司也是经历过这样一个危机，李总也刚刚创业，他们都具有企业家精神、创新的精神，在我们这个时期弥足珍贵。面对疫情我们如何抓住政府新一轮对经济刺激的措施，抓好这样的一个机会，对于我们小微企业来讲很重要。

第二个感受，我没想到，在衡阳我们看到了智慧医疗，看到了比较高科技的一些企业，我觉得三位企业家不管是李总、张总还是曹总，都有很多团队是来自一线城市，你们能到衡阳来，我觉得你们非常有战略眼光。未来机会在哪？其实在二、三线城市，三、四线城市，我觉得这些有特色的城市机会更大，高科技企业选择了扎根衡阳，一定要把我们这几大都市圈的资源和商机带进来、整合好。基于长江中游的城市、特大城市，长株潭衡城市发展的辐射，同时让特大城市享受我们衡阳人力成本优势，享受我们衡阳特殊的资源优势，享受比较特殊的政府支持和政策的优势。朱市长能在这里坐一下午听三位企业家演讲，这在很多的地方政府其实都很难见到，我们能抓住衡阳的诸多优势，取得未来的发展，我觉得你们很有战略眼光。

另外，基于今天专家团队讲的各种建议，我总结为以下四条：

第一条建议：所有的企业要做好市场。怎么做好市场，要么自己做平台、做生态，要么成为生态中的一群，只有这样才可以把自己做大。我们的互联网医疗，还有智慧消防、机器人也是这样，你们在做配套体系，其实你还可以做智慧，如：可以做智慧药房，还可以做智慧战略。你怎么选择自己的定位？是选择自己去做，还是选择成为其他大生态平台的配套？我觉得这是各位专家讲的很重要的观点，做市场就去做市场，做自己就做生态。

第二条建议：寻找价值的突破，去做产品创新、工艺创新等以解决企业的问题。什么是价值？价值就是对To B端的客户，让他的投资回报率高一点。客户的投资回报率怎么提高？最终要到To C端，让最终消费客户体验提高。我觉得企业家应该重点去讲这点，例如，我给很多企业做导师，我们不管做产品，还是做任何东西，我们都要做高品质，给客户带来高效率的运营。

第三条建议：如何把握好新兴产业变化和发展趋势，做好新方向，在新领域里做新突破。初始产品，我们的互联网也好，我们的新兴供应链也好，包括我们的医疗、智慧安防，其实在产业链形成的过程中有非常大的机会，也有非常大的产业企业并购这样的趋势。我觉得三位企业家应该抓住这个产业变革趋势去做。

第四条建议：最重要就是资本、资金的问题，我认为在这个时期，其实资金的问题、资本的问题探讨不多，我们怎么做？从多方面获取支持资本资金。什么叫支持资本资金？就是我们要做好政府财政的引导工作，让政府财政支持引导产业发展，这是第一个。第二个是怎么让银行的基础成为我们自己的发展基础。第三个是怎么让社会资本来支持我们做大。只有这三个层面的工作做好了，我们才能够实现企业的可持续发展，我觉得这一点是最重要的。

本期小结

钱是企业的生命之血，企业的产品卖出去的收入是企业的源头活血。如何让客户认可企业产品、愿意不断掏钱呢？第一，买方为企业的To B业务，根本还是C端——消费终端，衡阳桑谷医疗机器人有限责任公司的配药机器人等必须最终确保病人的用药安全。第二，企业卖产品不仅仅是卖产品，其产品只是用户满足自己需要的一个“配件”而已，客户消费功能的实现需要众多“产品”的协同——这就是消费“生态”，例如，衡阳桑谷医疗机器人有限责任公司自主研发的基于物联传感器的用电火灾自动控制器、可燃气体探测器等20多款新型智慧消防硬件产品。但是互联网的信息共享平台无论是选择自己去做还是选择成为其他大生态平台的配套，“互补品”都是“智慧消防”不可缺失的。因此，企业必须学会通过自己的互补服务、通过与产业链上的其他互补企业合作，为客户、为消费者打造好“消费生态”。这也是专家建议湖南利美防爆装备制造股份有限公司不要简单疲于应付“项目”、要把项目公司变成“特色产品”平台公司。人无我有、人有我优、人优我特、人特我新，总之，企业的市场营销其实就是做好“消费生态”。

船山论坛（第三期）

聚焦价值，发挥优势作用

本期金句

不能闭门造车，人们需要的就是我们要做的，用户的感受特别是深层次的感受才是最重要的。

——陆贞全

第一，公司集中往技术平台发展是正确的，应该要专注于某个领域；第二，公司需要加强自身专业领域技术。

——刘　锐

导师团

陆贞全

安徽理工大学管理学教授，中央电视台《品牌》栏目特邀嘉宾，安徽新安百姓讲堂主持人，合肥群聚德投资公司董事长，安徽省风险投资研究院监事长。

刘　锐

上海将邑智能科技有限公司、上海子春初十电子商务有限公司、上海小板凳农业科技有限公司董事长，新疆生产建设兵团上海商会副会长，上海市虹口区政协委员。

企业路演

湖南天云软件技术有限公司

李　奇　湖南天云软件技术有限公司总经理

公司成立于2013年，主营两个业务板块：一块是金融科技，有两个核心产品，第一个是天云数据3.0，此产品助力银行打造数据平台，加深数据业务化；第二个是新零售产品，助力银行的零售业务。还有一个板块是信息，产品围绕云计算开展，现已叠加到4.5的版本，帮助客户做个性化服务、实现数据化、打造混合云平台，目前已有30多个客户得到应用。公司作为国家IGSS高新技术企业，70%以上为技术人员，有40多项软件著作权、4项发明专利。

导师支招

陆贞全：做金融软件偏运营方面，你未来的定位和发展方向是什么，核心竞争力在哪里？如何跨界去形成你的特点？用户的方便、愉悦和满足怎么实现？围绕用户来说，他的需求是什么？不能闭门造车，用现在的一句话说就是人们需要的就是我们要做的，用户的感受特别是深层次的感受才是最重要的。

朱　健：在衡阳的每一家企业都是这里宝贵的财富，在经济发展中企业是最小的细胞单元。通过船山论坛，你们有这样的经历，再经过一些知名企业家的指点，也会更加自信。做企业要打开思路，不能局限在衡阳，一定要站在全国看衡阳，跳出衡阳看衡阳，我给你三个方面的建议：

第一是深耕若干领域。科技与金融有相关性，新零售与科技又有相关性，在这些领域长沙银行正在与衡阳紧密对接，比如说长沙银行在此次疫情中发现有很多餐饮企业处于倒闭的边缘，如果餐饮业要申请贷款，就要抵押物资，长沙银行思想很开放，根据每一家餐饮企业在美团、饿了么的订单收入折算成一定的能力，根据这个能力来贷款，长沙银行采取这样的方式就需要数据分析，银行自己来做这个不现实，需要太多人员，所以这个需求它就会外包。如同刚才的金融科技、新零售，其实衡阳的房地产也一样需要更好的平台，这个户型什么样的人最喜欢，我们可以精准推送，我们住建局完全可以打开这个市场，但是即便有创新的思维，没有技术，这些事情也实现不了。李奇那里有技术支撑，但是你不知道需求和最新动态，所以第一个建议是要在衡阳深耕若干领域。

第二是大型的软件工程组织能力。要想成为一个大型的软件工程企业，大型的软件工程组织能力必不可少。你现在只有100多人，但是我们衡阳、湖南，甚至中部地区有个巨大工程需要1 000多人，另外900多人到哪里去借，到哪里去租，如果到其他软件企业临时调配，人事关系还要转过来，工程完成以后900多人又面临解散，这就是一个大问题。

如果天云软件可以在衡阳或者湘南湘西将长江以南所有的中小型软件企业都组合起来，你的工程师是大家的，大家的工程也是你的，那么就可以在湘南湘西甚至粤港澳地区都快速调配，具备根据工程需要可以快速组建队伍的能力。

第三是园区怎么更好地进行专业的服务。有些工作是企业的，有些是政府的，你的成果可以报到省厅去，怎么通过自己的努力实现中国软件业的百强，这需要我们园区在支撑能力上做保障，这是我们的短板，希望企业提出需求，这样我们园区才能更好地帮助你。所以我们也希望软件企业和我们园区在服务方面有深入合作。

另外，衡阳还有很多市场没有开放，这里我们要回到两个维度：一个是人民对美好生活的向往，一个是政府治理能力和治理体系的现代化。所以需要政府工作的管理创新，管理工作走在前，技术支撑在后。举两个例子：一个是禁毒，在衡阳禁毒任务很重，这些领域原来都是不开放的，也不考虑用软件工程和区块链的技术去应对，现在我们需要管理创新的思维，用技术做支撑；另一个，我们在研究衡阳的南岳机场航线怎么开，我们是“拍脑袋”决定还是根据数据分析开设。南岳机场的管理团队用数据分析定航线，这是非常有效的。所以，我们所有的工作都围绕这两个维度开展，这是我给你的建议。

刘　锐：两个建议：第一，公司集中往技术平台发展是正确的，应该要专注于某个领域；第二，公司需要加强自身专业领域技术。朱市长的建议非常好，您的这个领域不是金融技术，银行和平台的客户双向流动，一方面和平台有关联，另一方面和产品也是有关联的。如果你们公司70%的员工都是技术人员，那么你们公司的运营性是不够的。

湖南爱加建筑有限公司

尹秀华 湖南爱加建筑有限公司董事长

（一）定位和愿景

中国乡村自建房“钢结构装配式建筑”引领者，立志于成为第一家乡村建房领域的上市公司。

（二）传统乡村砖混自建房三大痛点

费时（一般1—2年），费钱（50万元起），不好看（颜值不高，筒子楼）。

（三）爱加乡墅解决方案

1. 引入欧美轻钢“装配式建筑”解决方案，解决上述痛点

2. 标准化的乡村别墅之路，像卖商品房一样建乡村别墅

3. 3个月，40万元包装修（占地100平方米，两层半），实现拎包入住乡村别墅的梦想

（四）爱加乡墅做了什么

1. 2019年成立，完成签约金额1 300多万元

2. 完成7县运营中心，63个乡镇代理布局

3. 2020年3月签约入驻白沙洲工业园区，自购土地60余亩，建设全国首家轻钢装配式产业园基地

（五）爱加乡墅团队

1. 创始人：尹秀华，常宁人，海归（美国），上海交通大学EMBA

2. 首席产品官：施博士，同济大学博士

3. 工程中心负责人：谭志勇，武汉大学土木工程本科

4. 营销中心负责人：董密，担任县乡营销渠道负责人17年

导师支招

陆贞全：公司发展理念趋向文明，接地气，可以向有引导力的企业方向发展。从宏观上来看，农村建房市场是一个发展方向。新农村建设需要给农民提供美观、舒适、卫生的住房条件，这对你企业的发展是一个契机。传统的农村建房模式费时费工，存在污染，加之目前农村劳动力缺少等，可从这些角度入手吸引代理商加入。

刘河洲：在工程造价的领域，您所介绍的轻钢建房方式相比传统建房方式优势并不十分明显。我个人认为，做企业不要找对标企业，要做好自己。钢结构的组装市场不仅仅应用于乡村市场，尹董事长选择了乡村市场的细分领域，我个人建议尹董事长的企业可以和李奇董事长的企业合作，房型的变化和选择，软件起了至关重要的作用，可以通过互联网方式来解决。

刘　锐：记住两点：第一，要在某个领域形成影响效应，集中精力做好一点；第二，要利用好数据，包括大数据。

湖南省矽茂半导体有限责任公司

赵　鑫　湖南省矽茂半导体有限责任公司董事长

公司最初做芯片设计，现于衡阳高新区做封装、测试产品，主要是500 W以下消费性的家用交流电器，产品覆

盖95%的家用电器。拥有业界独有的工业链技术，功耗相对更低，耗电量降低50%。2016年进入欧美领域，市场份额占2%，排第四。计划在衡阳做3芯片封装。公司目前拥有小米、传音、海信等企业的订单。

导师支招

朱　健： 关于产学研合作，委托刘河洲教授。二维系统的机械重装，你刚刚讲的难点没有完全理解透，是设计难点还是工装难点？如果是工装难点，是工装材料、工装工艺，还是工装设计，是哪一块的问题？

刘河洲： 你这个封装材料是什么类型？是环氧体系，还是其他体系？

赵　鑫： 封装材料是5002，B5002这个在国际上是标准的，国际上有四家企业可供应；这个材料是环氧树脂，我们现在差不多一个月能出货6 000万—7 000万颗。

本期小结

企业不能什么事情都做，也不能什么产品都搞，满天麻雀抓不尽。但是，无论企业做哪个行当，都必须有供应链的完整配套协作，因此，企业应当形成产业链集成优势，聚焦自己价值创造的相对优势。湖南天云软件技术有限公司与岳麓山大科城软件产业生态圈共建计划联盟，获取中南大学科技园（湖南）发展有限公司（国有资本）战略投资；湖南爱加建筑有限公司与知名建筑设计院开展产品设计合作；湖南省矽茂半导体有限责任公司紧密团结美国PI、台湾立琦、深圳芯茂等供应商，都是在集成产业链。同时，产品上分别聚焦金融科技、乡村小别墅、线路板检测封装就是聚焦自己的价值创造点。相信三家企业一定会在各自领域心想事成，大有所为。

船山论坛（第四期）

多样性消费者的多样需求

本期金句

重点要在市场的培育上花更多的时间，用创新理念、创新模式开拓市场。企业负责人不要追求对股权的绝对控制，甚至可以适当地释放出部分股权，吸引高层次的人才参与到企业的建设、运营和开发中。

——倪　浩

不仅要搭建好普通用户的文化教育体系，还要在品牌宣传方面打好“组合拳”。

——方　骢

加强科技攻关，推进科技成果的转化和推广，延伸产业链条，不断提升经济效益。

——李忠强

导师团

李忠强

德丰杰龙脉基金管理合伙人，上海交通大学安泰经济与管理学院管理学硕士。曾获中国风险投资峰会之“2015新锐魅力领袖”奖等行业荣誉，担任江苏省、海南省、南京市、长沙市、宁波市、上海市等地创业导师和引导基金评委。

秦志强

全童科教（东莞/深圳）有限公司董事长，华中科技大学与香港科技大学联合培养博士，上海交通大学博士后，东莞市创业领军人才和特色人才，中国教育机器人大赛组委会秘书长，大学创新课程主播。

倪　浩

依图医疗CEO。原阿里云计算产品总监、业务总监，原阿里巴巴集团资深技术专家，曾创建阿里云计算产品技术团队，负责阿里云核心技术平台“飞天”的研发工作，在人工智能、云计算、大数据领域有深入的研究和丰富的实践经验。

方　骢

依图医疗副总裁，上海交通大学博士生导师，UCLA药理学博士，MIT生物工程硕士，斯隆商学院MBA。曾服务Amgen Global、临床运营部门，负责Amgen临床运营策略及生产信息化建设。

薛　青

上海师范大学旅游文化专业研究生，现任上市公司昂立教育昂立商学院院长；讲师职称，高级公关员、人力资源管理师；教育领域创新创业指导专家，教育领域创新创业大赛青蜂营创办人；上海师范大学、湖南师范大学、浙江师范大学、南昌大学创业导师。

企业路演

湖南大三湘茶油股份有限公司

周新平　湖南大三湘茶油股份有限公司董事长

公司是一家专注于油茶产业的新型农林高科技企业。公司成立于2008年，注册资本1.65亿元，拥有员工120余人，固定资产达6.8亿元。公司拥有高标准油茶示范种植基地4万亩，以“公司+合作社+农户”形式的有机油茶基地36万亩，高标准良种育苗基地500亩。先后通过ISO9001、ISO14001、HACCP国际体系认证和中国有机、欧盟有机、美国有机及清真认证。

公司致力于打造“从茶山到餐桌”（油茶的育苗、种植、工艺研发、压榨生产、油茶关联产品的精深加工及终端销售渠道、增值服务拓展）的全产业链的现代农业企业。

公司先后被评定为国家农业和林业产业化重点龙头企业、国家高新技术企业、全国“万企帮万村”精准扶贫行动100家先进民营企业、2018年度农产品加工业十大企业品牌，是国家油茶加工技术研发专业中心、国家级绿色工厂，并成为钓鱼台食品生物科技有限公司战略合作伙伴。

截至2019年底，公司已申请专利138项，其中发明专利91项。公司的大三湘原香山茶油生产加工工艺，获得“国家科学技术进步二等奖”“湖南创新奖”等殊荣。公司开创“鲜果鲜榨”生产线，为中国首创，技术成果领先国际，目前该生产线已申报国家发明专利60多项。

公司生产的大三湘茶油，被国家卫生部特聘健康教育专家赵霖教授称之为“有生命的油”，产品品质和服务已得到袁隆平、牛根生、杨家庆、曹岫云等20多万会员的高度认可。

导师支招

朱　健：农业是一个长周期、见效慢的领域，湖南农业要做大做强一定要向山东农业学习，用近现代农业的思维、工业的思维来做农业，要实现标准化、品牌化，同时引入互联网金融。补充三个方面：

第一个方面，整个油茶产业分为四个领域。一部分工作可以政府来做，中间有些环节可以交给政府来处理。第二个方面，衡阳现在做油茶，国家、湖南省、衡阳市给补贴，农民种植，所以我们每年还要至少投入1个亿的油茶产业基金拉动油茶种植，可以考虑做一个茶油银行；此外如何到北上广深去接触消费者，我们建议找专业团队，公司控股也可以，合资也可以，让消费者对你产生更多的信任，我们把一和二结合起来，平台运营都来自这个公司。第三个方面，重点是把深加工技术做透，再帮衡阳争取拿一个国家科技进步二等奖。再有就是环节品牌化，不同的人群吃的茶油有什么不同，要培育吃茶油的习惯。

倪　浩：茶油消费人群定位高端，愿意花更多的钱去消费，企业要有新概念，与新的生活方式挂钩，这是一个做大的基础，所有模式的基础就是有人去付钱。应该在市场培育上花更多的时间，用创新理念、创新模式开拓市场。

方　骢：大三湘茶油一定是一个高端的快消品的定位，您刚才说的痛点是销售难，我认为您核心的问题是利润空间低，高端快消品的利润涉及三个体系：成本体系、定价体系、平台体系。您的成本体系较为单一，另外，您现在的定价体系也比较单一，高端快消品的消费是分层的，只有阶梯式的定价体系才能把不同消费者的购买意愿最大化，通过这种分层次使有效的利润空间最大化。再有，品牌体系非常重要，有两个方面要搭建，一个是普通消费者的教育，一个是文化的教育，不仅要口对口的传播，还要有大咖的加入，要建立精细化的价格体系，有组合拳的品牌计划。

薛　青：您的会员有20多万，您有清晰的客户画像吗？从您这个20多万的会员中可以得到100多种人物模型，这100多种人物模型可能才是您需要关注的，不能泛泛而谈。未来做区块链、大数据，最起码您要有5万种标签。所以可以先找一些高手把20万人群搞透，然后再做地区分类，再来做营销，不然就没有方向。

欧智祯：普通客户诉求是什么，一是功能诉求，养生、健康；二是情感诉求，您做品牌传播是否可以从“粒粒皆香，滴滴皆情”的故乡情来做；三是价值实现诉求，您提出的庄主模式，如果可以帮到农民和企业，我觉得很有价值。

屠　崴：3 500万吨的市场只占1.4%，要提升到14%，这个产品的全寿命周期，需要大量的工人，他们的技能可能会成为您发展的瓶颈，我提一个建议，可以和当地的学校建立专业联系，培育您需要的人。

湖南美蓓达科技股份有限公司

赵青华 湖南美蓓达科技股份有限公司董事长

公司成立于2015年，是集生产、研发、创新为一体的特微型轴承制造企业，产品广泛用于微型电机、航空航天、ATM机、3D打印机、计算机、汽车电机、精密仪器、数控机床、无人机、机器人、渔线轮、医疗器械、CPU散热风扇等各个领域，已成为华为、美的、奥飞动漫、光威集团、德昌电机、广电运通等多家知名企业的稳定供应商。公司是3A级企业，是轴承协会理事单位，在2019年的全国创新创业大赛中进入决赛，获得国家优胜奖，湖南省的三等奖。

导师支招

秦志强：我觉得目前主要不是技术人才难，而是研发人才缺乏。技术人员经过几个月培训可以上岗，但轴承的精度保证需靠设备，需要研发人才。可以考虑与湖大等高校合作从大学一年级开始进行培养，与南华大学、国防科大等高校进行校企合作，做好人才培养的3—5年计划。

屠　崴：建议从非标轴承切入市场，与相关企业形成依赖关系，从而挤掉标准件市场来占领市场。比如占领大疆的市场。建议不要太早做标准件市场，中国机器人企业就是太早进军标准机器人，在达到一个高峰之后迅速回落。

薛　青：获取研发人员的方式，河南科技大学是全国轴承专业最好的学校，每年级毕业100多人，去找学校要联系方式，找猎头去猎取，还有排名第二的沈阳工学院，动用一定的期权，去猎取包括学校的老师；或者去日本猎取，日本有大量超过60岁的技术人员还在工作。还有，作为一家年产值8 000多万元的企业，要从标准件入手，大规模大批量生产，为定制化轴承作咨询。

欧智祯：我提供一个信息，我们公司和您说的日本的NMB、NSK有重要合作，如果您需要牵线帮助，可以来长沙总部洽谈。

倪　浩：您是一个有远大梦想的人，要保证公司架构能跟得上您的梦想，建议创始人不要追求股权的绝对控制，但要有投票权的控制。

方　骢：找一些经典的应用案例，如航空航天、国际民生事件，你们的轴承有没有发挥重大的作用，可以找央媒、党媒作一些精准定向的高端宣传，政府会给予大量的支持。

李忠强：我觉得轴承行业的未来在年轻人，在民营企业。从产品来讲，要做行业的“特斯拉”。从公司股权结构来说，您占到99.9%，这不是一个正常的现象，要用股权激励、吸引人才。

励弘集团启航学校

陈亮伟　励弘集团启航学校董事长

祁东县启航学校创建于2016年，是一所集早教、幼儿园、小学、初中于一体的高标准、高规格、示范性的全日制寄宿制私立学校。学校现在拥有官家嘴、城连墟、风石堰、石亭子三所中小学校区、四所幼儿园。现有幼儿园学生总人数580人；小学1—6年级，共40个班，1 800名学生；初中7—9年级，共33个班，1 500名学生。

学校环境优美，布局协调，功能区划合理。文化长廊、启航雕塑、空中阅读花园等展示了学校浓厚的文化气息；幽静秀丽的校园中，小桥、流水、喷泉、亭台，错落有致，鸟语花香，育人环境优良；校园建筑大气美观，设计新颖，教学楼、宿舍楼之间以古建回廊相连，给人浑然一体的感觉；整个校园绿树与红墙交相辉映，干净整洁，更显校园文明；教育教学设施完备，并已具备信息化功能；生活设施齐全，能为师生提供良好的生活服务，被授予“祁东县优秀学校”的称号。

学校名师荟萃，专家云集，现有教职员工400余人。其中特级教师2人，正高级教师3名，2人享受省政府专家特殊津贴，280人拥有学士、硕士、博士学位，1人获得全国优秀创新创业导师，每年均有3名左右的外籍教师在校从事英语教学工作。

导师支招

薛　青：亮伟老师的三个十五年，实际上是三条不同的赛道。第一条赛道：启航这条赛道你还在做，而且是照着职业经理人在做，如果不投入百分之百的精力的话，这是非常可惜的。

第二条赛道，做一个从幼儿园开始到成人就业的终身教育产业链，公益属性或者经营属性，两者都具备在现实当中是不可能的，除非先做经营再做公益。

第三条赛道，真正地切中职业教育，面向农民子弟的职业化训练，护理、家政服务业包括蓝领产业等等，这才是今后十年的大蓝海市场，政策友好，这是一个十分好的机会，应该现在就做这个事。

秦志强：现在的教育投入产出比严重失衡，尤其是大学，首先应把重心放在提升学生的核心能力上，这不仅是学生可持续发展的保障，也是高技能人才必须具备的素质要求。其次学校还应该着重培养孩子的创新力和创造力，激发孩子的求知欲和创新思维。

方　骢：“世间安得两全法，不负如来不负卿。”从启航的办学理念来看，“不负如来”就是公益部分，“不负卿”指的是经营部分。应寻找一个高校作为合作伙伴，大力发展职业教育，为社会培养大批中高级的技能型人才。推出一个品牌，让其产品在全国进行推广，实现品牌商业价值的最大化。

李忠强：“启航”要进一步拓展影响力，必须坚持做好公益性的业务，如为湘西贫困地区培养老师。还要将考研培训这一块持续做下去，在全国范围内拓展品牌影响力。

本期小结

王道就是以人为本之道，“物物而不物于物”。因此，企业必须精准地了解客户（消费者）的需求，高质量满足多样性客户的多样性偏好。专家说：湖南大三湘茶油股份有限公司应对百万客户进行清晰的客户画像，从20万的会员中得到100多种人物模型，“有生命的油”要与新的生活方式挂钩，把深加工技术做透。湖南美蓓达科技股份有限公司的机器人轴承，当从非标轴承切入市场，与相关企业形成依赖关系。建议不要太早做标准件市场，中国机器人企业就是太早进军标准机器人，在达到一个高峰之后迅速回落。

励弘集团及其启航学校进行多层次全方位建构教育培训体系，形成产品网络覆盖各层次、各门类的教育培训需求。这三个企业都关注了多样性消费者的多样性需求。大规模定制、工业互联网、5G 技术将为企业做强做大、做精做细提供新的生产方式。

船山论坛（第五期）

不同行业的文化赋能

本期金句

先有小众热爱，才有大众热爱。

互联网不是“灵丹妙药”，互联网是后端的“放大器”。

——刘　伟

市场推广要循序渐进，不能够过于“迈大步”，要“小步快跑”，不同行业不同做法，不能一概而论。

——张海岸

积极发挥资深专家和技术这些“硬核”优势，在行业竞争中走差异化和高端化路线，进一步提升自我的造血能力。

——曹雄鹰

三流企业做产品，二流企业做平台，一流企业做标准。我们要通过自己的技术为整个行业树立标准，打造出城市管网建设和水务系统建设的行业标杆，形成品牌效应。

——白力维

不要拒绝投融资模式的合作，看似在剥离产值，实际上是在帮你分担风险，有利于稳固业绩上涨。

——安 宏

要加强与高校的产学研合作，并将研发成果直接应用于生产，提升核心竞争力。

——赵 鉴

导师团

冯 芳

北京极地加科技有限公司、北京有心科技有限公司董事长兼CEO，连续成功创业者和创新创业孵化、创业教育专家，同时兼任科技部火炬中心创业导师，教育部和工信部双创课程讲师，中山大学、北京大学、华南师范大学等高校创业导师和客座教授。

曹雄鹰

湖南省国际工程咨询中心有限公司党委副书记、总经理。

张海岸

友谊国际工程咨询有限公司董事长、创始人，民建长沙市委副主委、湖南民建企业家联谊促进会轮值会长、湖南省监理协会副会长、湖南省造价协会副理事长。曾获全国优秀中国特色社会主义事业建设者、全国关爱员工优秀民营企业家等荣誉。

尹司媛

上海交通大学经管硕士，孝安投资管理公司合伙人，集沙成塔科技董事长，专注于产业规划、招商运营及智慧城市领域研究。

安　宏

孝安投资管理公司合伙人，木文医疗科技董事长，专注于产业规划、招商运营及医疗康养领域研究，地产产业投发领域资深顾问。

刘　伟

上海市优秀中国特色社会主义事业建设者，上海市青年五四奖章获得者，毕业于上海交通大学，热爱IT技术和动漫文化。2012年与上海交大同学共同创立米哈游，成功打造了知名国产原创动漫IP“崩坏”系列，现任米哈游总裁。

赵　鉴

中建上海院总工兼绿色建筑院院长，获全国勘察设计行业暖通空调卓越工程师称号，中国建筑学会建筑热能动力分会第十届理事会理事，中国建筑环境设备委员会理事，上海市绿色建筑标准化专业技术委员会委员。

王　宇

高级工程师，中建上海院绿色建筑院总建筑师，上海市建筑学会会员，云南省房地产业协会专家委员会委员。曾获中国建筑设计奖（建筑创作）银奖、中国建筑工程总公司优秀方案设计三等奖等荣誉。

白力维

中建上海院绿色建筑院总规划师，注册规划师、高级规划师，在设计行业有着丰富的工作经验，曾获上海市优秀城乡规划二等奖和国家优秀城乡规划三等奖等荣誉。

企业路演

湖南省南岳云雾茶业有限公司

胡 寅 湖南省南岳云雾茶业有限公司总经理

公司成立于2007年，坐落于全国重点风景名胜区、5A级旅游风景区——南岳衡山，是一家集茶树栽培、科研，茶叶生产、加工、销售，茶文化推广，生态农业旅游开发于一体的综合型企业。下设南岳茶场（农业）、南岳茶厂（工业）、烟霞旅游服务和岳云新零售（服务业）四个经营单元。2018年获评国家高新技术企业，2019年入选湖南红茶首批授权生产企业，近期正在推进农业股改试点。

公司聚焦于高山茶园夏秋茶青的毛茶精制加工和保健茶疗两个方向，开展科技攻关和技术革新，已取得七项技术创新成就。岳云茶业生产的产品代表南岳云雾获评湖南十大名茶，从2010年至2019年连续获得省茶博会金奖，先后获评湖南省著名商标、湖南省名牌产品。公司拥有多类茶生产技术，产品品种有绿茶、红茶、紧压茶，在产品结构上已形成商务礼品、旅游特产和大众生活三个系列，逐步建立起了以岳云作为主品牌背书和产品品牌相结合的品牌矩阵，目前正在进行企业再造和组织重构，拟转变成为以南岳文化为特色的体验型新零售企业。

导师支招

刘　伟：首先胡总对自己的目标用户还是非常清晰的，如果你想把这个品牌做起来，我建议首先要把小众热爱这件事情放在第一位，一定要有你的非常狂热的用户，他们一年到头都在宣传你的产品，只有小众热爱才有可能做到大众热爱。其次互联网也好，动漫也好，它只是一个水到渠成的放大器，不是一个救命稻草，而是一把双刃剑。在没有把目标人群弄清楚，把产品、物流弄清楚之前就很着急地去用，互联网往往会把品牌损失掉，所以这应该是一个水到渠成的过程。

朱　健：提四点建议：第一点建议，你要做减法。总结的元素太多了，记不住，快消品就是简单、极致、特色。第二点建议，客户要有基本盘。就是刘伟讲的，不仅是跟衡阳跟南岳有关系，所有你的茶赋予的文化养生茶、长寿茶要有基本盘。第三点建议，提升做茶叶的品质。茶叶一定是口口相传的，买了以后还想买，这就离不开简单极致。第四点建议，在这个基础上可以引入事件营销，我们应该更多地用产业思维。所以我就提这四个方面：元素做减法、客户基本盘、品质要提升、多用事件营销，供你参考。

张海岸：衡山是天下名山，可以孕育出世界名茶，因为有这种根基和源远流长的湖湘文化的基础。建议品质要有差异化。再一个建议就是你做生意要由近及远，一定是把本地的生意先做好，只要到了衡山就离不开你的茶。所以你的茶一定要是精品，千万不能一开始就定位普通产品，每一个细节、每一个环节都是超级的精致。最后，好的品牌的推广要有序推进，只要朝着你的伟大的目标，按照你的部署，清晰地、有计划地、有步骤地去安排、去做了，实现你的目标是肯定的。

冯 芳：立顿红茶之所以红遍世界各地，是因为品质和方便。由此可见，优质茶才是传统茶叶发展延续的最重要内容，只有茶叶优质，才能被消费者认可。

南岳有好山好水好空气，使得云雾茶甘甜、鲜淳、干净，我们要通过这些茶叶本身的品质让更多的人认识和爱上南岳的茶叶，过多的标签和元素反而让大家难以识别。因此在推广云雾茶时，要做到简单极致才能有突破。

湖南筑升信息科技有限公司

彭 冬 湖南筑升信息科技有限公司总经理

公司是一家服务于城市安全维护领域的高科技企业，由中国工程院王浩院士、葛修润院士作为技术支撑，通过独有的监测检测技术，为城市空洞普查、大坝堤防安全、智慧水务等提供数据抓手和分析系统。湖南筑升的控股股东江苏筑升公司获得了清华控股、赛伯乐集团、南通国投等多方资本的支持，已经成长为地下空间安全维护领域的领跑者，为上海、深圳、广州等城市提供地下空间维护类业务，为深中通道、南水北调、绿色石化的国家级工程安全保驾护航。衡阳市多水，多内涝及地下灾害，公司希望能够通过产学研落地，通过先进的技术方案解决城市治理中的一些痛点，通过将第二总部建于衡阳，将数据中心、研发中心和结算中心迁到衡阳，充分利用衡阳的区位优势，将衡阳打造成为城市科学治理的样板城市；依托中部市场，使公司成长为城市安全维护领域的优秀企业。

导师支招

曹雄鹰：第一个需要注意中小企业的融资问题，从中央到地方有很多这种支持，就是有针对性的资产。第二个需要注重资源管理，引导行业协会对我们行业的这些企业做一个自己的管理。可能在这个技术行业当中，还是有一些同质化的竞争存在，也不可能会有很高的差异化，我们更加应该加强我们技术的力量。

白力维：我从政策层面和城市宏观的维度来进行一些简单的分析。第一个，是否能够改变城市顶层设计衔接，这样更好地发挥这项技术在城市发展和城市完善体系当中的作用。再一个，我们标准体系的对接很重要。我觉得能够纳入整个行业的标准体系，实际上不仅仅是对企业的一个提升，而且对衡阳将来在这方面的产业提升也将带来很大的不同。还有对内容模块化的简化，大疆就将这种无人机的体系模块化，这样对新手、对专业人士来讲都很友好，因为这对于将来的实际操作能有很好的作用。这些我觉得可以提升一下，然后进行品牌营销。品牌营销实际上也是构建一个品牌的影响力，是城市发展影响力的一个关键点，再一个就是产学研结合的深挖。

王　宇：有一个感触，你这个公司的产品质量很强大，但恰恰就是这点让我觉得产品的应用场景缺乏创造性，就是说咱们应用的场景实际上是动态的。

如果用智慧型的海绵城市这种方式，在设计手段上，能够在场景上运用信息化的设计，对整个城市的可重复性就比较大，这个软件迭代以后，就可以把公司的运营成本降低了，而这种场景在中国到处可以看到。如何把已有的漏测、捡漏的数据拿出来，在新建城市建立数字化模型，让计算机能读懂的数字化模型，你可以做一个仿真。而一个完整的智慧城市的真正的仿真，对我们国家未来的资源节约大数据是非常有帮助的。

安　宏：精准地找好我的客户，做好我的市场量，第一点是要把内功做好。第二点是要找好合作方，它可以降低数据成本、收集成本，可以跟中介部门、水务部门、市政部门沟通，做一个协同和联动，强调智慧城市，包括教育改革、海滨城市都是特别好的大概念。第三点是要给自己确定目标，刚才白总说了你要做一个行业的标准体系，公司内部的管控有没有考虑过确定几个东西：一个就是目标区域，至于目标产值，我看了你们产值的列表，非常好，一直在往上走，可以把这个目标产值确定好，便于你们接下来做IPO科创上市的筹备。第四点是你们的业绩目标指的是什么。你们的检测技术这么好，要考虑你的设备，用软件系统技术去控制它。

朱　健：典型的重大科技成果转化，重点就是要找应用场景、运用场景。在整个项目推进的过程当中，确实应该把产业链往上延伸一下，可以把你们的系统作一些必要的推进。

冯　芳：有几个建议：第一个，放松心态，高估值不一定是好事情，估值越高对你的期望就越大，对你的诉求就越多，反过来讲，找相应产业级的投资或者是战略协同的投资，估值低一点，可以帮助你走得快一点。第二个，营收是一个企业的核心，随时准备好，慢慢来，另外在资金层面上，有时候股权融资是好事情，一次给你很多资金，就不妨多用一些债务杠杆，可能对于企业真正的保有自我独立性的方面也是有一定价值的。

湖南尚鑫新材料科技有限公司

江　敏　湖南尚鑫新材料科技有限公司董事长

公司成立于2014年12月，位于湖南省衡阳市祁东县归阳工业园，占地120亩，建筑面积64 000平方米，拥有万级、千级、百级无尘车间35 000平方米，配备15条德国/日本装备生产线，总资产2.3亿元，2019年销售额近2亿元。技术团队：研发人员30人，其中博士3人，硕士6人，日本籍双博士学位三木规彦担任总工。研发机构：广东省离型材料工程技术研究中心、东莞市离型材料工程技术研究中心、博士后科研工作站。科技合作：华南理工大学、中南大学、广州大学。科技成果：授权专利60余项，其中发明专利20项，实用新型专利40多项。

主要产品有纳米节能膜、负离子节能膜、负离子喷雾、手机保护膜等，产品选用进口光学耐黄变聚酯、纳米材料，采用纳米材料分散聚合技术，经特殊的功能性多次涂层处理制成。产品粘贴在建筑玻璃和汽车玻璃上，具有隔热、保温、节能、防爆、抗紫外线、防红外线、遮蔽隐私及安全防护等功能，通过中国建材CTC一级节能认证。

核心技术：

（1）高强度聚酯基材多微层复合技术：超过12层微小涂层薄膜，经每层薄膜对外应力的吸收和分解，有很好的紫外和红外阻隔作用。

（2）新型环保光学压敏胶特制配方：自主开发的水性光学胶黏剂，加水溶解，粘力稳定，环保无毒性能超好，经权威机构检测VOC挥发性是行业标准的$\frac{1}{25}$倍。

（3）纳米粉体材料分散与聚合技术：纳米材料分散后的粒径均在3—5 nm之间，形态呈球体状，通过每一层纳米材料对太阳光不同的波段进行阻隔与反射，能实现很好的阻隔紫外线及降热功能。

导师支招

王　宇：第一，在推广上遇到的问题，需要给业主一个很真实的数据，这样业主会做一个综合评判，到底适不适合使用这个产品。第二，我建议厂家在另一个层面去思考智能化的问题。未来智能化是一个大的发展方向，所以建筑材料需要智能化的运用，怎么使得好的建筑材料用在比较合理的地方，实际上需要全方位的了解。

曹雄鹰：第一，跟一些有名的设计院的建筑师建立一定的关系是必要的。第二，跟一些节能公司进行交流，把相关的竞争对手变成伙伴，主动让出一些市场，做混合的智能型应用。第三，人才问题，我们未来的数据，智慧建筑实际上就是一个数据化的建筑，就算是机器人建，未来也会有一定的指标，我们这不叫弯道超车，叫适应新时代。

赵　鉴：第一个是从技术层面尽可能地降低成本，使得效益更明显，市场的推广力度才会更好。第二个在于公共建筑物的不确定性使用，这种节能技术，它的不确定性在于决策者的一种认知。所以不要对政府层面抱有太大希望，要靠自身技术的更新和成本的降低。

尹司媛：尚鑫新材料技术研发属于行业前沿，一个新产品从被认知到广泛应用需要经过一个过程，在这个过程中，企业做大做强，不仅要建立完善的质量管理体系，同时要紧跟时代潮流，运用管理体系的新发展，考虑加强产业链的协同合作，通过低成本共享资源实现“1+1>2”的整体效果，跟产业链上下游实现共生、共融、共赢，降低风险。

导师团总结点评

冯 芳：今天看项目的感受就是三“高”，第一“高”就是项目品质高，第二“高”就是技术高，第三“高”就是颜值高。和大家分享一些今天论坛中的收获：

第1句话：“只有小众热爱才有大众热爱。”让一部分人喜欢上你的产品，那么他才会追随你的产品，才会把你的产品传播出去，这个是在消费升级时必须要走的核心路径。

第2句话：“互联网不是灵丹妙药，互联网是后端的放大器。”讲到一个很核心的观点，产品是本质，只有把品质做好了，产品做好了，才有到互联网进行后端放大的可能性，所以“互联网+”是工具，“互联网+”不是产业，也不是产品。

第3句话：“产品一定要做减法，要做到简单极致。”讲到消费级的时候，我们会很容易把事情做得大而全，但往往越简单的产品，才越有突破力。

第4句：“市场推广要循序渐进。”在市场策略上面有高举高打，也有小步快跑，不同的行业有不同的做法，不能够一概而论，请各位自己去评判。

第5句：“守住自己的山头。”只要守住了自己的区域，相信没有任何一家其他同样的企业能够越过你拿下这个市场，因为取代是有门槛的。

第6句:“你说不出来的优势就等于你的优势没有被认可。”就是说你的优势还不够被认可。

第7句:“要把产学研深化下去，同时要创造正确的应用场景。”要真正拿结果、数据来告诉消费者，我就是这么做的。

第8句:“让你的产品服务化、服务产品化。”如果你能够作进一步的精准产品化运作，那么后期是不是可以把这种产品对数据的获取变成数据服务。

第9句:“产品是有单一属性的，但是实际上所有人对于产品的需求一定是多元的、多维度的。”就产品智能化的应用，应该是理性的、满足人类需求的，具有多样性和组合性。

第10句:“所有的东西都要考虑跟产业链的上下游来共生、共融、共赢。”也就是说，“分出蛋糕与伙伴、渠道去分享这部分的利润，会让我们的机会更多”。

第11句:“用最灵活的方式把研发放到一个密集的地方。”现在的人才其实是一个金字塔形状的，不是所有人都在这个领域中，这时候可以用软实力的方式，把非实体化的虚拟研发中心放到上海，放到更有科研力量的院所里面去联合研发，甚至直接采购知识产权来帮助企业，这是很好的路径。

本期小结

一流企业做标准，标准本质是一种产业文化。企业的形象系统也是诉诸文化。湖南省南岳云雾茶业有限公司的茶叶生于南岳福地洞天，成于寿文化、火文化、佛道文化，如果能精粹特质产品则一定能由“小众最爱”变为“大众口碑”。湖南尚鑫新材料科技有限公司的节能绿色贴膜这种新产品从被认知到广泛应用需要经过一个过程，但是，随着人们的公益环保文化素养的提高，非必需品也会成为必需品，因此，企业要与同行一起做“绿色消费”文化的宣贯。湖南筑升信息科技有限公司有志于成为城市地下智能安全监测的行业领先者，当在产业文化上下功夫，当把这种产品对数据的获取变成数据服务——数据可以VR、AR呈现，这里的文化很前卫。

农产品种植、加工、销售的叠加优势

本期金句

粮食多了是经济问题，少了是政治问题，缺了是社会稳定问题。而粮食加工企业为调动农民生产积极性，增加农民收入发挥了重要的作用。

——陈晓明

我们企业光走一条路不行，拳头只有两三个也不行，我们需要从多角度来看待企业的发展。

——陈新机

一切科技都要围绕着把产品做得更好、把质量做得更高来服务，用科技的方式为农业赋能是非常值得我们学习的。

——石哲元

企业后期如果想要把利润再拔高，就得结合这个城市的文化，结合我们青年人的文化，把他们融入企业产品文化中，那全国的受众在识别它的时候就会带有情感。对于品牌营销而言，打通情感至关重要。

品牌很重要，它就像一个口号，或者就像一个打到人心里的印象。企业在发展过程中，一定要注重品牌的建设。

——李定真

导师团

李定真

滨江星传媒董事长，高级工商管理硕士，中欧商学院CMO俱乐部副会长，上海市青年文学艺术联合会副会长，中国青年企业家协会理事，中国广告协会户外分会副会长。

石哲元

亿航白鹭传媒科技集团董事长，全球空域造景开创者，第六季《中国达人秀》总冠军。曾获Amend当代杰出媒体人，中国无界新零售十大社交领袖，易悦最具影响力企业家。

陈新机

浙江工业大学学士，清华大学硕士。中国电子视像行业协会副会长，中国风险投资有限公司浙江省分公司总经理。

陈晓明

现任中国农业发展银行衡阳市分行党委书记、行长。2019年荣获“全国金融五一劳动奖章”，2020年荣获“全国十大金融工匠”。多篇调研论文被《金融时报》、《经济日报》（内参）等媒体刊发。

企业路演

湖南角山米业有限责任公司

任贤龙 湖南角山米业有限责任公司总经理

公司创办于1992年，位于西渡高新技术产业园区，占地面积525亩，是一家集粮食育种、种植、储存、加工、销售于一体的全产业业态的农业产业化国家龙头企业。公司通过了ISO9001质量管理体系认证、ISO22000食品安全管理体系认证、HACCP认证、中国绿色食品认证。先后荣获“中国驰名商标”“全国放心粮油示范加工企业”“中国大米加工企业50强”“高新技术企业”等荣誉。2020年新冠疫情发生后，在粮食部门领导的支持下，公司提前复工复产，为保障市场大米供应作出了积极的贡献，被列为国家首批防疫物资重点保障单位。公司现有员工114人，其中本科、研究生及以上学历占35%，大专及以上学历占65%，具有专业技术技能的人员占68%，员工平均年龄35岁。

公司是高新技术企业，拥有35项科技创新，授权专利30余项，自主研发的ERP系统拥有完全的自主知识产权。

导师支招

陈晓明：首先，应更好地发挥组织优势来推动粮食加工企业的发展。其次，应充分利用好各项针对农产品企业的财政和货币等优惠政策，无论是充值环节、流通环节、出入环节、加工环节，还是财务、中央财政承担的贷款利息、财务成本，我国的农业银行都有许多优惠政策来推动农产品企业的快速发展。最后，应更加注重品牌的树立和优质稻基地的建设。以品牌为引领，激发企业创新创造活力，提升大米品质，实现价值链升级，充分调动农民种粮、地方抓粮的积极性，确保区域粮田面积不减少、粮食自给水平不下降，为企业的发展夯实基础。

陈新机：将稻壳加工成白炭黑的原材料。白炭黑是我国化工行业最紧缺的一种原材料，目前主要是从美国进口，将稻谷加工成白炭黑这一领域未来在我国的发展潜力巨大。另外，角山企业应加大研发力度培育一种专供糖尿病患者食用的大米，就是米里面含有大量的“抗性淀粉”，这种大米不会马上将淀粉消化掉，而是慢慢地消化与吸收，或许你能够从中获得启发，成功研制出并推广这一功能性大米。

石哲元：首先，产品做成小罐米这种模式不是很多，建议深挖。其次，要通过讲故事的方式做好大米文化的传播。任何一家企业的成功，包括你这个产品的成功，都必须有自己的品牌。要做好品牌建设，那一定得讲故事。

李定真：应有一种用户思维。事实上，农产品要想提高溢价，能够卖得多、卖得贵、卖得持久，一定要借助文化的力量，突出产品特色，使品牌增值。从品牌营销的角度看，角山米业的PPT设计也应该附加一点企业文化。企业可以将产品与城市文化、青年人的文化结合起来。角山米业是在衡阳扎根的企业，最好融入衡阳这座城市的文化，融合当下青年人的文化，如此全国的受众在识别它的时候就会带有一种情感，对于品牌营销而言，打通情感至关重要。

湖南东健药业有限公司

王 磊 湖南东健药业有限公司总经理

公司是江南地区最大的集科研、生产、营销于一体的专业生产阿胶、龟甲胶、鹿角胶的高新技术企业。公司创建于1988年，前身是衡阳中药二厂，公司占地面积达58 000平方米，建筑面积达15 600平方米，坐落于五岳之一的寿岳——南岳衡山脚下，是湖南省的优秀民营企业，年产值达10亿元，资产近7亿元。现有员工500余人，其中技术人员100余人，拥有中、高级技术职称人员56人。

公司拥有现代化的胶剂、颗粒剂、煎膏剂和口服液生产线，可生产四个剂型30多个品种，构建了治疗和补益相结合的科学型的产品结构框架。能年产“三胶”（龟甲胶、阿胶、鹿角胶）500吨，年产复方阿胶补血颗粒10 000万包，年产东健人参枣仁口服液3 000万支、膏剂500万瓶。

公司依托现代化的生产设备和精湛独特的工艺优势，于2004年、2009年、2014年通过GMP认证，拥有国药准字号11个、保健产品1个、多个食字号，严格按照国家GMP标准要求生产，确保产品质量稳定可靠。2016年获国家高新技术企业认证，“东健”商标连年被评为湖南省著名商标。其中主营产品龟甲胶、阿胶、鹿角胶、复方阿胶补血颗粒已成为广受国内消费者信赖的良心产品。

导师支招

陈新机：首先，东健阿胶要加大投入，研发、生产更符合当代人需求的阿胶产品。其次，企业要精准定位消费群体，配置资源，扩大消费市场，挖掘痛点，满足刚需，以此取得最大的绩效和发展，实现弯道超车。

石哲元：首先，东健药业应在互联网的基础上利用线上传播把品牌文化建设做起来。其次，东健药业应扩充销售渠道，迎接目前直播带货和电商的大潮流。可以借助直播带货、电商销售，通过抖音、快手、明星直播间等平台扩大市场。

李定真：讲产品不仅可以从产品本身出发，我认为更多的是用户思维，就是能够用一句话说明产品所能解决的问题，把我们生活当中的刚需融入到这个场景里面来。对于融资的问题，我建议，东健应该做一个可持续发展的市场规划方案，让有意向合作的人看到其中发展的前景和趋势，打动合作人以获得融资。

湖南农民伯伯电子商务有限公司

刘易战　湖南农民伯伯电子商务有限公司董事长

公司是衡阳市本土成立的一家以农村电商、电商扶贫、农村信息化为主的平台型综合企业，是国家高新技术企业，入选国务院扶贫开发办认定的“中国企业精准扶贫50佳案例”，是湖南省十大电商平台、电商重点培育项目，衡阳市“三年上市行动计划”备选企业之一、十大互联网品牌、电商龙头企业。公司成立于2016年，坐落在衡阳市高新区，目前在全国设立分支机构32个，建立超过6 000家农村电商服务网点，拥有全国农产品交易诚信示范平台——农民伯伯商城。公司累计为全国农村百姓卖出农特产品超11亿元，是全国、全省电商扶贫样板企业，荣获30余项创业大奖，创立的“党建远教+电商扶贫”模式，被《中国组织人事报》、《经济日报》、中央电视台《焦点访谈》等知名媒体和栏目专题报道，并被编入中国农业出版社出版的大学教材《农村电子商务》在全国范围内进行推广。

“农民伯伯”坚持“全心全意为百姓，一心一意做服务”的理念，致力于助力乡村振兴，提升我国农业竞争力，围绕数字乡村、农业优化、农村百姓服务进行专项解决，目前建立了全国首个智慧三农大数据中心，在扶贫领域引领全国，带动了数十万人脱贫致富，未来将成为我国现代农业最有力的支撑企业之一。

公司目前建立了农产品进城、工业品下乡、农村物流、农村信息化、农业技术服务、百姓服务六大板块，于2018年启动上市筹备计划，积极引入风险资本，目前已经逐步引入启迪之星、国新盛华等资本，并积极接受上市辅导，公司计划在2022年前完成上市，登陆创业板或科创板。

导师支招

陈新机：首先，“农民伯伯”把大数据思维用于农业，对接农业部门，这在一定程度上减轻了政府的工作任务，稳定了农民的收入，对农村脱贫致富作了很大的贡献。其次，“农民伯伯”把农产品变成有情怀的在市场流通的商品，把经营之道发挥到极致，其网点直接下沉到农村中，公司与受众的距离近，服务让老百姓看得见摸得着，并且经济效益很高。

石哲元：首先，企业可以把明星的流量“嫁接”给“农民伯伯”，让农民的产品更好卖。其次，在企业发展过程中要取长补短，积极地跟阿里巴巴这些大的电商平台合作，借助他们的物流、云计算、大数据管理等途径和方式，弥补自身不足，推动企业持续健康发展。

李定真：“农民伯伯”这个品牌本身也非常好，建议今后作为“农民伯伯”的代言人来介绍自己，比作为“董事长”来介绍的营销效果更好。我们可以在企业PPT的每一个页面都打上“农民伯伯”标志，并设计有“农民伯伯”字样的文化衫，不断强化“农民伯伯”在客户心中的形象，把农民的真实形象、我国作为农业大国的形象推向全世界。

导师团总结点评

李定真：通过本次活动我颇有感触，首先，我看到了衡阳市委市政府对本次活动的重视，领导全程参与。我以前所参加的活动，领导一般讲完就走，全程参与的情况很少。其次，我感受到了市委市政府对年轻企业家的大力支持，我觉得这是对我们城市的鼎力支持，也是对我们经济的莫大关心，特别是在复工复产的关键阶段。

今天在这个活动上，我看到了那么多的年轻人，我切切实实感受到了我们文化的自信、年轻人的自信，感受到了他们对自己事业、对公司产品的自信。

衡阳是一座美丽的城市，有许许多多的衡阳名片，包括我们船山论坛以及很多其他衡阳特色，我们把它们包装好，变成一个城市的故事，变成我们中国的故事。让我们在未来更好地讲好衡阳故事，希望衡阳未来更美好！

本期小结

农产品种植加工销售如何形成叠加优势是涉农企业做大做强的关键，发挥这种产业链内一、二、三产业的叠加优势除了要制度与组织创新外，还必须进行技术创新，即现代“信息技术”与传统物质生产的融合。湖南角山米业有限责任公司通过“公司+基地+农户”的运作模式，先后开发上线业务可视系统、大角蛙App、盲检系统、仓库粮情系统、产品溯源系统等信息化系统，极大地提高了业务效率。湖南农民伯伯电子商务有限公司打造了农产品进城、工业品下乡、农村物流、农村信息化、农村百姓服务、农业技术服务六大板块，线上线下提供综合配套服务，影响力卓著。湖南东健药业有限公司计划在2020—2022年间，以湖南本土为核心，至少扩建两个龟、鹿、驴养殖基地。如果公司能将自建营销与第三方营销、电商营销结合好，产业链采用工业互联网运营，相信会更加辉煌。

船山论坛（第七期）

农业科技企业的品牌化与产业化

本期金句

做企业战略要清晰，从企业成长的角度来讲，无非四个字：拉新、复购。拉新即新客户的增长，就是要获客，复购就是要留客。

——赵春彦

要因地制宜，将企业优势和本地优势有机结合，融合悠久深厚的文化，满足不同的客户需求，不断增强客户黏性。

——李　征

要做好市场调研，算好经济账，认真核算成本和增值空间，集中精力、财力、物力和社会资源做好拳头产品。

要充分挖掘自身的品质优势、成本优势和渠道优势，在产业链中找准角色定位，做好自己最擅长的事，和其他企业加强跨维度合作，取长补短创造更大的价值。

——杨　健

在企业管理新老交接上，可以尝试数字化转型，通过大数据助推，使管理和决策更加聚焦、更加赋能、更加清晰、更加便捷。

——刘　锐

导师团

杨　健

大连大米科技有限公司董事长，清华大学博士后，经管类畅销书《降维打击》作者，共青团十七大代表，全国青联委员，中国青年企业家协会常务理事，中国青年创业导师团副秘书长，达沃斯论坛全球杰出青年，金砖国家青年论坛代表。

赵春彦

上海交通大学工学学士、安泰经济与管理学院EMBA，管理学博士。芝麻资本管理有限公司CEO，芝麻金融控股有限公司董事长，上海市成本研究会副会长，上海交通大学创业导师，上海交通大学中国企业发展研究院高级研究员。

刘　锐

上海将邑智能科技有限公司、上海子春初十电子商务有限公司、上海小板凳农业科技有限公司董事长，新疆生产建设兵团上海商会副会长，上海市虹口区政协委员。

李　征

浦发银行长沙分行党委书记、行长，高级经济师，高级工商管理硕士。

企业路演

衡阳市大成赏石文化有限公司

刘炫伶　衡阳市大成赏石文化有限公司董事长

公司是湖南省第一家民办非营利性企业，于2007年投资建成集世界各地观赏石于一园的湖南省第一家奇石文化博物馆，2012年由国家景区评审委员会验收合格，评为国家级3A旅游景区。

衡阳市奇石文化博物馆多年来义务从事青少年科普教育工作，每年为衡阳市30 000余名中小学生提供课外教学，以奇石为载体，推广地质科普知识。2014年与衡阳市劳动社会保障局共同创办了衡阳市奇石茶艺技能培训学校，至今学校培训结业并予发证的茶艺师、茶评师上千名，为创业者和返乡农民工提供创业技能。2014年博物馆被衡阳市科学技术协会授牌为衡阳市青少年科普基地，2016年底首批通过由湖南省文化厅认可并授牌为湖南省文化产业示范基地，2017年被湖南省科学技术协会授牌为湖南省青少年科普基地。

导师支招

杨　健：从石头维度上、从文化的维度上来帮助人，从南岳怎么寻找自己的长寿基因，最终回归到你这儿能找到一个和他有缘的石头。每个人有不同的定位，你要找到一个爆点，把它挖到最后，其他的事情都围绕你的爆点服务，只要把这一个文化内涵吃透了，我相信不管是从你的文化影响力，还是你的经济效益，都会有一个更大的进步。

赵春彦：第一，战略要清晰，其一就要拉新，其二就要复购。什么叫拉新？就是说我的成长性，每年新客户的成长性，这是第一个要解决的问题，就是客户总量要不断增加。第二，是怎么解决新客户的问题。战略还要更聚焦一点，你现在没有跟衡阳的特色结合在一起。紧紧围绕长寿两个字。石头跟思想一样可以传承，比如经过名人的把玩是可以传承的。我的建议就是战略清晰，以长寿为主题，衍生你的寿石文化。

李　征：第一句话是因地制宜，做任何一个企业，都要去分析我们的优势在哪里，我们本地具有什么样的优势。第二句话是因势利导，既然把寿石和寿文化当作今后的一个主要的方向，那么我觉得可以把科普和茶叶，当成个人的兴趣爱好，或者是企业的一份责任，就不需要摆到企业的版图里面去了。

刘　锐：给刘总提一点建议，就是一个字“定”！因为做文化，做文化产业，关键是要有持续性，对文化的传播一定要坚持。我建议刘总坚持这种方向。再补充一点，关于文化传播的可持续性的内容，因为文化传播、科普研学教育，它当中有很多产品的设计是相当复杂的，在研学这一块加一个中国传统文化的教育，这是最重要的一个教育。刚才赵总也说了，佛学的思想，老子的思想，其实我们现在最需要传播的还是孔子的思想，只要把这种文化的传播持续下去，你这里就不会缺少客户。

朱　健：第一点建议，要重新选一个落址。不一定在高新区，在现有的基础上迁到南岳去，跟南岳衡山合二为一，融合在一起。

第二点建议，我们还得有目标。对标无锡拈花湾，江浙去过的无一不感慨它被开发得那么有情怀、有水准、有品质。建议联合本地的有情怀的企业家一起到南岳区重新选址。南岳区与其经常到外面去找一些地产商搞所谓的养老地产，不如请本地的有情怀的企业来开发，我相信这是对衡阳对衡山最大的负责任。

第三点建议，石头始终是你的主打。总的概念一定要让南岳重新打造一下，把南岳区旅游的品质提升起来。把导师所有的建议适当融合一下，形成一个整体框架。

湖南金芙农业科技有限公司

龙　新　湖南金芙农业科技有限公司董事长

公司成立于2017年，位于国家农业科技园区，是一家致力于倡导健康生活理念，以健康、养身产业为发展方向的高新农业科技型企业。公司专业从事蛹虫草、冬虫夏草、羊肚菌、松茸、牛肝菌、牛樟芝等一系列珍稀食药用菌的全系统菌种开发、产品研发、技术培训、精细培育销售及产业化推广。目前公司有5 000平方米的标准化、智能化、自动化的食用菌车间，发展上注重短期效益与长期效益相结合，初期主要以蛹虫草和羊肚菌产品为主，在中后期将逐步加大新产品的开发投入，发挥优质、高端养生产品多样化的优势，并进一步加大与当地农户的合作，在当地政府的支持下打造一条具有特色和影响力的珍稀产品产业链，力争把公司打造成湖南地区最具影响力的高新农业科技健康型企业。

导师支招

杨　健：我提两个问题：第一个问题，你既然能研究蛹虫草的繁育，有没有可能研究冬虫夏草的繁育？你要能造出跟它长得一样的东西，那么你在这个市场就有可能获得巨大收益。第二个问题，关于羊肚菌，我倒觉得很有可探讨的空间，在这些产业链环节中，你在哪一段的竞争力是最强的？做好你的产业链，方案里面要充分考虑基于土地和设施本身的成本，还有一个劳动力成本，找到最核心的，人的精力、财力、物力以及社会资源调动能力都是有限的，把一件事做透做好，做成这个行业的标杆，要比同时忙好多事价值要高得多。

赵春彦：我的建议也是要聚焦，战略上要聚焦，然后把你的所谓的传统产品也好，核心产品也好，小而美的产品也好，把它做大、做强、做精、做细，建议你要往品牌型的企业和营销型的企业转型。

我认为未来所有的销售都要转型为直播，未来的销售员、销售经理、销售总监，全部要转型。所以四点建议：第一要聚焦；第二要从农业型向营销型、品牌型的企业转型；第三要确定羊肚菌到底是功能性定位还是口感性定位，抑或是健康性定位，要抓细；第四要升华研究中心。

刘　锐：我跟前面两位导师的基本观点是一致的，一个要聚焦，一个要分析自己的优劣势。我个人建议：重的和轻的不要放在一起，因为每个人的能力与方向是不一样的，而且管理人才的成本往往比你找到一个人才的成本高得多，所以把自己的能力放在自己能够完成那一步，把其他任务交给别人去做。

李　征：我认为做任何企业，无外乎四个方面。第一，战略，你现在在干什么，要到哪里去；第二，规划，到那个地方，我有几条路可以走；第三，预算，我要选这条路，我有没有相应的资源；第四，坚定不移地走下去。

湖南康洁食品科技发展有限公司

唐　帆　湖南康洁食品科技发展有限公司总经理

公司是一家拥有130余人、注册资本3 000万元的湖南省农业产业化龙头企业，是湖南省小巨人企业，全国放心粮油示范加工企业，中南林业科技大学稻谷及副产物深加工国家工程试验室，湖南康洁食品科技推广基地和中南林业科技大学食品学院产学研示范基地，是集米粉研发、生产、营销为一体的综合企业，公司主要品牌“康洁食品”为湖南省著名商标。公司总部坐落在衡阳市雁峰区湘江乡风光秀丽的南郊公园旁，依山傍水，总占地面积42.8亩，生产配套设施齐全，建有5座大型的食品加工厂房，拥有6条大型生产加工线。米粉年加工能力达5万吨，建有员工公寓、食堂，环境优美，是理想的食品加工基地。

导师支招

杨　健：第一个本地市场挖得挺透了。第二个思考从产品本身有没有可挖掘的空间。第三个方便即食市场，把你的核心竞争力抓好，基于你自己原有的经验，找到你最强的竞争力，只要你的战略定清晰了，所有东西都为战略目标服务的时候，不管是团队还是管理都不难，用什么样的方法管理不重要。

赵春彦：第一要解决好你和本地的这些小作坊之间的关系，不完全是竞争关系，也可以叫竞合关系。第二要做到品牌化。第三解决好你父亲带兵的模式和你的模式不同的问题，一个比较现成的办法就是做两个事业部。我觉得还是要稳增长，不在我们的基础上做增量创新。

刘　锐：两个建议：一个是数字化的问题，可以做一些数字化的转型，用数字化来为管理带来便捷，会在一定程度上解决老人和新人的交接问题。另一个可以考虑采用智能化零售的方式。

李　征：概括三点：第一点因地制宜，构建产业体系。政府会引导企业结合我们的服务、衡阳的资源禀赋，结合衡阳的知名度来构建产业体系。第二点要遵循规律，构建现代企业。作为企业，一定是公司治理完善，主业非常清晰，重责任，敢担当。第三点要保护趋势，构建卓越的品牌。赋予企业更多的内生动力，这始终是企业应该深思的。

导师团总结点评

杨　健：我写过一本书叫作《降维打击》，今天的总结就从降维打击这个主题来切入，既然要切入这个，我就拿个道具，这是一包纸巾，它是一个长方体，长方体具有三个维度，长度、宽度和高度，我们可以把它看作一个人，也可以把它看作一家企业，甚至可以把它看作一个行业。那么它的竞争力如何去计算呢？很简单，就是三个维度，做一个乘法，三个维度的乘积就是它的体积，大家要理解一下跨维度的这种乘法思维，包括今天我们几个老师点评的时候，实际上都在用这种思维逻辑。

为什么让大家理解乘法思维呢？乘法和加减法是完全不同的。加减法是在单个维度中的逻辑，加法是很慢的。按照传统的管理学和经济学的逻辑，我要把一家小企业从很小慢慢地做大，父亲做积攒了10年、20年，一点点地做大，这叫作加法。假如我没出息，我可以用5年或者8年将父亲用了10年、20年创下来的企业慢慢一点点赔付，30年赔100万元，慢慢把它赔掉，这叫作减法。很多传统企业、世界500强，都是几十年甚至几百年做加法的，累积做起来的，很多传统大企业破产也是慢慢做减法的。今天已经不是一个大家庭的时代了，“小米”可以用6年的时间，从零做到世界500强，用三年做到2 000亿元营收。而“诺基亚”，一夜之间就没了，不光他降没了，“波导”“索爱”都没了。“360”也是一夜之间横扫整个软件市场。再用加法减法这个逻辑去思考的时候，你会发现合不上来。但是大家回到我跨维度的逻辑就很容易去理解，有的企业为什么会一夜之间干得非常大？有的很大很强的企业却会一夜之间消失不见。有很多伟大的企业都可以发起对一个行业的降维打击，就像对手机行业降三个月，降维是可以消灭一个行业的，它不需要和你打，这叫作消灭你和你无关，就苹果不需要做低价竞争，这是一种逻辑。

还有一种逻辑叫作升维。什么叫升维呢？可能我的长度和同行差不多，我没有比同行差多少，我的宽度也没有比他们宽多少，但是我有一个高度，我在高度这个维度上，我比同行强甚至1万倍，我的体积就可以瞬间比同行大1万倍、1亿倍。所以今天在点评的时候我们都劝大家聚焦，聚焦到你的最核心的竞争维度上，去把它无限放大。今天这三个企业都总结到了，比方说衡阳市政府就打造一个“寿比南山”系列，我们就聚焦在这个维度上，只要从衡阳出去的就是“寿”，到什么程度呢？到了我们家老人过寿，那得到衡山去摆一桌寿宴，你看人来了，我们这边的米粉店出去了，这是长寿的。

我曾经在青海工作，青海有一个地方输出了十几万家小店，这些人满世界开兰州牛肉面店，整个衡阳800多万老百姓是不是可以往外疏通了？有“寿”的基础，有政府的寿文化赋能，我们做一个衡阳的长寿学院，老百姓在我这培训完了之后，能做粉的咱就做粉，能卖茶的人就卖茶，能卖虫草的就卖虫草，卖石头的就卖石头，把这些东西打包起来集中赋能，政府的这种集中赋能在维度上比别人强10倍甚至100倍，就算其他维度的能力相对弱一点，也能掌握。借政府品牌的力量，规范化的力量、传播的力量就可以一起走出去了。衡阳有一个特别好的优势，本土人口800多万，拿到欧洲是个不小的国家，这一点大家不要小看，为什么？在未来几十年内，中国还会长期持续地在全世界很多行业占据领先地位，中国的本土市场大，在本土市场形成消费力之后再去辐射全球。那么在我们本土的米粉企业，如果已经有80%的市场占有率，就可以基于我们本土市场的这种基础打包一起走出去。

我这次来衡阳之前，一直在关注朱市长的朋友圈，看他做了很多很有意思的事情。比方今天来路演的几个企业，是下一步准备培养的企业，这些竞争力组合起来，就会形成一种非常有意思的逻辑，不同维度的组合。比方说你在粉的逻辑上比别人强10倍，赵总来了，他在资本逻辑上也挺强，还有在品牌逻辑上也很强，政府又在文化的逻辑上讲，这几个维度组合之后，10乘以10维度再乘以3、5、8的时候，你会发现形成一个多维度的竞争力之后，这些企业它的上市速度会加快好多。一家上市公司可以带来一个产业集群，它对上下游的企业有带动作用，一年一两个亿营业额，五六千万元利润，基本上差不多。本地消费市场积攒了这么多年的势能，再加上朱市长在上海交大那么多的资源，现在都聚过来了，在这几个核心维度上要好好发力。

这两天我也充分感受到了，在衡阳的办事效率特别高。昨天去看了一家做糖的企业，看完之后我摇了摇头，为什么呢？那家企业的卫生环境不是太好，所以我不太想合作。没想到今天它又准备了一下，宽敞明亮的生产线，我一看靠谱，之后又约我今天晚饭后再谈。就以效率去做事的话，我很开心，我要做一款功能性的糖，想找一个代加工地，我出技术他干活，按办事效率在衡阳这个事一定能落下来。我第一次来衡阳，到现在才30个小时，我就能决策，想在这做项目。以我的智商来判断衡阳，值得投资，值得来做事，我相信会有更多的人愿意来。而且像咱们今天的论坛，形式特别好。我也祝愿论坛可以搞到100期、200期。今天我作为嘉宾，或者说导师，对我来讲也是一个非常大的成长和进步。在这种氛围中，大家可以自由交流。每个人都会越来越愿意参加这个活动。

最后也祝愿船山论坛能够带着我们整个衡阳一起腾飞，谢谢大家！

本期小结

专家指出，升维就是各方力量一起做乘法，你的亮点显著就可以瞬间放大。但是，企业亮点的引爆与企业的可持续发展需要有企业治理“内因”这个根据地。作为企业，一定要完善管理、搞好内部治理。很多民营中小企业的内部治理是“硬伤”“内伤”。湖南康洁食品科技发展有限公司正处在两代企业家的新老交接时期，专家建议可以尝试数字化转型，通过大数据助推管理，使决策更加聚焦、更加赋能、更加清晰、更加便捷。专家建议湖南金芙农业科技有限公司构建现代企业，要把自己的能力放在自己能够完成的那一步，把其他的任务交给别人去做，如聘用职业经理人等。衡阳市大成赏石文化有限公司是湖南省第一家民办非营利性石博企业，如何把营利性事业嫁接到公益事业上并实现共生共荣，其中的责权利关系必须处理清晰——这也是依法经营的需要。

船山论坛（第八期）

价值源于企业的科技实力

本期金句

要合理有效地整合资源，充分利用税收政策优势和区域优势发展物流行业，将行业的服务链延长。

——胡镜海

在市场经济的红海中，做企业要“接地气”，不能仅靠理想和情怀，更重要的是技术和产品。

——高　展

在高质量发展的大趋势下，有色金属工业必须践行新发展理念，按照建设资源节约型和环境友好型社会的指导方针，履行好生态环境保护责任，推进清洁生产和清洁能源利用，使绿色、低碳成为产业发展的主旋律。

——何笃政

要对传统产业实行智能化改造，充分发挥能源管理引领作用，实现系统性节能降耗。

——郝坤超

在企业发展过程中，要充分考虑到盈利模式和商业模式的可持续性问题。

——胡 琨

导师团

胡江林

宁波德祐投资合伙企业总经理。历任上海交通大学教师，上海交大申联新材料科技有限公司董事、总经理，上海交大昂立股份有限公司营销总部总经理、市场总监、副总裁，上海复星医药（集团）股份有限公司副总裁，匹凸匹互联网金融信息服务（上海）股份有限公司总裁，国轩高科股份有限公司执行总裁。

胡镜海

中达证券投资有限公司合伙人，上海交通大学股权投资总裁班客座教授，厦门国家会计学院股权投资总裁班客座教授，国内知名投行部门的上市融资顾问。

高 展

长江联合置地有限公司总经理，华东师范大学经济学博士、创业导师，同济大学兼职教授。

何笃政

高级工程师，一级建造师，现任上海扬钢冶金技术有限公司董事长、总工程师。曾获2006年度中央企业劳动模范称号。

郝坤超

上海扬钢冶金技术有限公司法人、总经理，同济大学工学博士，教授级高级工程师，国家一级注册结构工程师，一级注册建造师，上海市河南平顶山商会会长。

胡　琨

睿旸信息技术（上海）有限公司总经理，上海交通大学安泰经济与管理学院创业导师，上海市政府采购评审专家。

企业路演

湖南好评物流科技有限责任公司

何东会　湖南好评物流科技有限责任公司董事长

公司由衡阳物流全国总商会协同北京、上海、广州等全国近30家物流商会联合组建而成，是一家以衡阳物流人及物流企业为基础，拥有全国大票零担货运网络，含仓储、分拨、车队等物流链全场景的现代物流企业。公司总部和全国结算中心设在衡山科学城，公司以现代服务业为发展指南，以业务横向到边（从客户到用户之间的所有物流环节都在公司经营范围）、产品纵向到底（向客户提供从快递到整车的所有物流运输产品）为战略定位，旨在通过输出管理、技术和资金，将散落在全国各地的衡阳籍物流企业整合成一个品牌统一、平台统一、财务统一的集团企业，全面打造行业内网络覆盖最全、服务质量最优、竞争能力最强的管理流程化、精细化、信息化、现代化的全国性“物流航空母舰”。团结带领衡阳人把“兵家必争之地”的家乡衡阳，打造为“商家必争之地”的现代物流名城。2020年底，公司整合500条长线和500条短线，总营业额达到30亿元；到2023年底，公司覆盖全国地级以上的物流运输网络将基本形成，预计总营业额突破100亿元。

导师支招

朱　健：做企业不能一开始从理想转化理想，你必须先讲清楚你做什么技术、做什么产品、做什么解决方案？去年一年产值多少？你说你是物流科技，你的科技依托于谁？你究竟为人家创造了什么价值？你的竞争态势是什么？在这么激烈的市场中，你怎么走出来？等到你做到一定程度，企业上市以后再来讲情怀。还想讲两点：第一，老乡联合是弱联合；第二，对物流行业要加深了解。

胡镜海：在整合的时候切忌贪大求全，你的“护城河”、你的“围墙”没有说清楚，你的“围墙”是很重要的一件事，因为你们是技术导向型的，并不是说我一个技术杀招，就我一个人有，别人没有，很明显你的“围墙”，你能有的其实可能隔壁的那个人也有。

郝坤超：你的核心竞争力是什么？你的优势是什么？别人为什么非得选你不可？有时候你的最大竞争对手恰恰可能是你的合伙人。很多企业都是这样，你的合作伙伴，你的副总经理跳出去，这种竞争太正常了。

高　展：生意是可以类比的，因为生意整合到一起，它一定是有核心的东西给别人带来好处。规范化管理意味着什么？意味着可能提高成本，那么你增值的是什么地方，如果不能增值，对合作企业没有好处的事情，将非常难以推广，这个时候老乡是不可靠的，一定要有利益，没有利益的公司，不可能很深地整合。

耒阳市焱鑫有色金属有限公司

石仁章　耒阳市焱鑫有色金属有限公司董事长

公司成立于2006年，位于耒阳市循环经济产业园，注册资金3 900万元，总投资5亿元，占地168亩，主要从事有色金属的资源回收再利用，生产三氧化二锑、三氧化二砷、铅锑合金、不锈钢制品加工等，具有有色金属的优势。公司获得了6项PCT国际专利，21项国际国家发明专利，实用新型有48项，全部拥有自主知识产权。

导师支招

何笃政：在高质量发展的大趋势下，有色金属工业必须践行新发展理念，按照建设资源节约型和环境友好型社会的指导方针，履行好生态环境保护责任，推进清洁生产和清洁能源利用，使绿色、低碳成为产业发展的主旋律。

对于固废垃圾，企业要“吃干榨尽”，高度重视循环经济的利用，争取把每一个具有价值的废渣都利用起来。不论是冶金炉渣的处理，还是危险固废物的处置，均有广阔的营利空间；要优化产业结构，推进产业高质量发展，具体措施包括优化产业布局、严控冶炼产能无序扩张、加快传统产业升级改造；要通过强化源头预防和过程控制、全面提升末端治理水平、推动固废综合利用等举措，强化清洁生产，全面提升环境治理水平。

郝坤超：作为有色金属企业，实现高产量、小污染是获取竞争优势的关键。我建议，企业应加大科技攻关力度，加大前沿技术研发，提升行业整体清洁化冶炼水平的同时，完善绿色标准体系。尤其是要强化对节能减排与资源综合利用关键技术的研发攻关，重点研究一批重大、关键、共性技术，力争取得突破性进展，为强化节能减排创造条件；要对传统产业实行智能化改造，充分发挥能源管理引领作用，实现系统性节能降耗。坚定走创新发展道路，不断向高端化、终端化、国际化迈进，向产业链和价值链的高端转移，打造企业引领行业发展的新动能、新优势。

湖南金凯循环科技有限公司

颜群轩　湖南金凯循环科技有限公司创始人、总经理

公司成立于2016年5月，位于耒阳市循环经济产业园，注册资金5 000万元，占地面积300亩，现有员工72人，主营业务是废旧锂电池、动力电池、含锂废料以及业务废料的处置及回收利用，粗制锂盐提纯，锂化合物、镍化合物、钴化合物、锰化合物等锂电相关产品研发、制造、销售；新能源材料及相关技术的研发、服务及转让；安防产品研发与生产制造；国内贸易代理，货物及技术

进出口。2018年公司取得了中国好材料新能源行业最具创新力企业称号；2019年获得国家高新技术企业资质，实现1.25亿元的营业收入。

导师支招

胡　琨：一个可持续的商业模式需要具有两点：一是能做到别人做不了的，二是做得比别人更加高效，成本更低。所以这个模式最关键的就是两端的控制：一个是废品锂电池的回收的价格；另一个是销售端提炼金属的价格。从这两端控制能够保持盈利模式，叫作商业模式的可持续性。我们看到国内很多类似于循环经济这样的一些领域，包括塑料、纸张，其实都出现了一些价格倒挂的情况，所以我希望能够在考虑产业发展的时候，保持商业模式的可持续性。个人感觉咱们这样的模式或者这种技术是正当时的。希望公司能够在整个产业链的发展当中，做一些锂矿的粗加工。

胡江林：中南大学在这个领域里，在废旧能源回收方面有非常大的影响。我们也接触过一些湖南的企业，我觉得颜总切入的这一块，以你的技术，你的前景是非常好的。创业初期可能有一些困难，好在我们朱市长来主持这方面的工作，关心你企业的成长，那么我们在这个产业里面，未来的合作机会应该还是很多的。

导师团总结点评

高　展：“船山论坛”是一个非常务实的论坛，是一个真心实意帮助企业发展、真心实意推动衡阳经济发展的载体。

对于今天参加路演的三家企业，我提三条建议：一是对于公司、项目而言。要把“围墙”筑高，把“壁垒”筑强。实际上，这堵“围墙”指的就是企业的经营模式、核心技术和品牌价值等。二是对投资人、股东、政府来讲。在做企业、项目的时候，要把自己看清楚，为什么是我？我是谁？同时让别人看清楚，你是谁？你在做什么？为什么是你做？这些问题必须要解决。这样的话，才能更好地宣传，才能够让股东、投资人对你有信心。三是不放过任何一次交流、推广自己的机会。实际上很多生意、很多合作伙伴，都是在交流中偶然形成的。必须珍惜每一个机会、抓住每一个机会，全力以赴参与交流活动，去推广自己。

胡江林：创业真的不容易，我对今天上台路演的创业者、企业家表示崇高的敬意。结合自己这么多年的工作经验，很乐意跟各位分享自己的一些想法。

第一点，在企业经营管理和总体设计的时候，思维一定要缜密，在不同的阶段要达到不同阶段的目标。要想清楚，我们能为客户做什么？你拉了哪几个志同道合的伙伴一起来合作？他有什么样的优势跟你是互补的？同时，顶层方面的股权结构、董事会设置，以及经营管理层、中层干部的配置，核心管理团队构建等等，都要有科学的定位、全面的思考。

第二点，关于商业模式和发展战略。比如，某家企业，我们可以投钱给你，但是你通过什么方式来转化成生产力和产品、服务，如何确保通过你这个平台可以获得回报。所以，企业在设计盈利模式的时候，一定要琢磨清楚，要有敏感度分析，这些思考在商业计划书里面、在路演过程中要有清晰的体现。

第三点，目标设置要合理。特别是碰到重大困难的时候，一定要把问题拎出来讲清楚。在经营管理中，比较忌讳虚的目标，因为有目标一定会面临着考核，一旦目标失真、考核失真，企业就会陷入一团糟。

第四点，要把PDCA循环引入企业质量管理。何为PDCA循环？即将质量管理分为计划（Plan）、执行（Do）、检查（Check）、处理（Act）四个阶段。企业要用精准的措施和方法去执行并完成目标、计划，在此过程中要保持有效的监管，通过监管不断激励自己去改进。

第五点，要保持舒畅的心情去工作、去面对别人的批评。如果发现“小人”在侧，你一定会谨小慎微，尽量少犯错误，极力让他们找不出自己的毛病。这样的“小人”实际上既有副作用又有反作用力，要利用好这样的契机不断鞭策自己、提升自己。

本期小结

没有利益企业生存不了，企业的利益来源于给社会创造的价值，而企业的价值创造源于企业家与员工对科学技术的运用。这虽然是常识，但有不少“生意人”仍喜欢空谈“宏伟蓝图”，似乎举起旗帜就能“招兵买马”。专家对湖南好评物流科技有限责任公司的提问：你做什么技术，做什么产品，做什么解决方案？去年一年产值多少？你说你是物流科技，你的科技依托于谁？你究竟为人家创造了什么价值？你的竞争态势是什么？这些告诉我们：有了金刚钻，才揽瓷器活。耒阳市循环经济园的两家企业：耒阳市焱鑫有色金属有限公司、湖南金凯循环科技有限公司扎扎实实从事物资回收再利用，用自己的好技术干出了“漂亮活”。

船山论坛（第九期）

企业的人才管理及人才梯队建设

本期金句

要学会聚焦当地文化特色再进行一些场景上的创新，让文创产品、品牌与用户之间形成共鸣。

——钱宝祥

在战略上要聚焦单点突破，以小切口入手做到极致，努力在“一厘米的宽度”上实现“一公里的深度”。

——薛　青

创新的产品要基于原有产品的特性和优势，两者要有深度结合，与此同时，还可着手尝试一些跟原有产品不相关的创新研发。

——王　琼

通过盘点人才队伍的关键岗位、关键能力，打通业务战略和人才战略有机结合的渠道，把业务场景翻译成人才规划，做好“瘦身”和“沉鱼”。

——凌　岛

企业持续发展必须始终聚焦一个核心点，就是明确的定位，能够坚持在某一个领域深耕并有所积累。

——罗　尉

导师团

李定真

滨江星传媒董事长，高级工商管理硕士，中欧商学院CMO俱乐部副会长，上海市青年文学艺术联合会副会长，中国青年企业家协会理事，中国广告协会户外分会副会长。

殷　治

北京国文互联教育科技集团董事长，国际易学联合会副会长，北师大中国传统文化研究中心执行主任。

凌　岛

长江商学院高层管理教育负责人，北京华夏明德传统文化研究院副理事长。

罗　尉

湖南搜云网络科技股份有限公司董事长，长沙市区块链技术应用行业协会会长，湖南省区块链专家库项目评审专家。

薛 青

上海师范大学旅游文化专业研究生，现任上市公司昂立教育昂立商学院院长；讲师职称、高级公关员、人力资源管理师；教育领域创新创业指导专家，教育领域创新创业大赛青蜂营创办人；上海师范大学、湖南师范大学、浙江师范大学、南昌大学创业导师。

王 琼

长沙微孵化网络科技有限公司总经理，英国伯明翰大学人力资源管理硕士，阿里云长沙创新中心创业导师，新兴行业高成长性企业赋能方案专家。先后服务于远大集团、长沙高新区、国家科技部火炬中心。

钱宝祥

上海交通大学硕士研究生，码尚定制（上海人赢网络科技有限公司）创始人、CEO，曾获2018年“创青春”全国大学生创业大赛金奖，2019年入选人民网——百位CEO·上海。

企业路演

衡阳市蓝羽境品牌管理有限公司

刘 洋 衡阳市蓝羽境品牌管理有限公司董事长

蓝羽境文创是一家衡阳本土的综合性文化创意公司，成立于2012年，由七家知名文创团队共同成立。公司服务项目主要涵盖广告代理、品牌战略、品牌策划、品牌设计、空间设计、抖音运营、创意视频、大型活动策划、全案推广、互联网广告代理、互联网技术开发、互联网营销策划等一站式企业创意解决方案。公司案例有：十八洞山泉水、费大厨、鑫隆包子、蛮湘红、衡阳油茶、红鼻子卤粉、衡阳茶油酥薄月（雁城茶油酥薄月）、岭南小生、蒋奶奶碱水粽、白果黑提、大三湘茶油、岳云茶，2017—2019衡州经济发展论坛、2018—2019年天下衡商大会等。蓝羽境文创是新型轻子资产公司，就全国范围而言，该公司规模尚小，但在衡阳本土的文创公司中具备一定的代表性。

导师支招

朱 健：我建议重点就是要走两个链：第一，文创要拓展产业链，你前端的合伙人机制很好，建议把产业链适当往后延长。第二，建议文创要自己走出困境，不要再去做产品。通过区块链技术评估，好的领域继续保留，不好的摈弃。因此，我要给你两方面的建议，做大产业链，锁定区块链。另外给我们的启发是政府要背书，未来还需要人大肯定，对于地方无形资产如何保护，要立一个条例来进一步使它可持续发展。

钱宝祥：聚焦当地再营造一些场景上的创新，也是一个非常大的看点。另外产品的策划，做的主要是几个消费品。比如说第一次接触茶油也是很茫然的，这个茶油是什么东西？真正要让更多的人去理解的话，产品本身非常重要，我们在传播文化属性以外，更多的是直接的感官认知。

王 琼：在市场或渠道方面，可以做一些交流；再一个是关于市场的宣导。因此，我觉得还是要讨论客户和市场，有了客户和市场，再去思考供应链如何整合，最后人才就完全不是问题。

薛 青：第一要品控，用科学思维方法做文创；第二做小切口，一厘米的宽度做到一公里的深度。另外包括像市长说的区块链加产业链还真的大有可为，但需要有前三步的基础，沉淀一下，制成知识手册，把你那些隐性的经验萃取成为显性的，也许能够解决人才的问题，你只要找到20个只有一半水准的人差不多也就够了。

凌　岛：关于核心竞争力的问题。怎样能够打造出一款有城市名片的概念产品，我觉得在核心竞争力这一块要再好好考虑一下。人才管理是有一套机制运转的，要根据公司的具体情况做人才梯队的建设，可能在人才管理以后要系统性地去学习新时代的数字化和未来智能化的发展。

罗　尉：第一您的定位很关键，我们理解很多企业刚开始就是为了挣钱活下去，但是发展到一定的程度，会遇到一个很大的瓶颈。第二个您到底是做项目还是做产品运营，是不是有明确的商业模式，不是很清楚。第三个人才问题和渠道问题。人才问题，全中国包括像阿里、华为，他们都缺人才，你们现在这么强，您能看得上的，估计是凤毛麟角，有些还要回到衡阳一起来做肯定是很难的；渠道问题，其实现在不缺渠道，每年淘宝对民族文化品牌有价值100亿元的流量投资，您还没有把能力放大，没有放大规模。

湖南有吉食品有限公司

蒋友吉　湖南有吉食品有限公司董事长

公司创立于2007年，坐落于中国黄花菜之乡——祁东县，主要从事绿色有机黄花菜的种植、繁育、加工和销售。公司现有基地5 000亩，厂房9 800平方米，其中加工厂房8 200平方米，科研办公楼、实验室、检测化验室等配套设施1 600平方米；现有员工128人，其中管理员8名，技术员3名，检验员2名，普通员工115名。全国有58个营销网点，产品销往美国、泰国及其他东南亚国家。公司已获得SC认证、ISO9001质量管理体系认证，拥有黄花菜自营出口权及指标配额。公司凭借先进管理理念及生产技术一直在行业中保持领先地位，先后获得了“湖南省著名商标”“湖南省黄花菜产业科普示范基地”“湖南省农村科技示范户”“全省先进农村科普示范基地”“黄花菜自营出口权”“境外投资企业”等荣誉称号。

导师支招

殷　治：我有两点建议：第一个深度研发这个方法不是特别好，因为企业的壁垒已经慢慢从最开始的采销、生产、种植，走向科研的差异化，也同样赋予更高的附加值。所以我觉得人才到当地来肯定还是有困难的，但可以和科研院所、高校，或者保健品、护肤品的一些公司去联合研发，这可能是解决人才问题的一个方式。第二个因为这次疫情的影响，有很多的食品加工企业转向预制菜领域，就是半成品，所以我个人觉得这个行业的趋势直接影响C端消费者，食品原材料转向绿色产品应该也是大客户。

凌　岛：我在您创新的方向上提两点建议。第一是一家公司产品做到20年之后，就考虑在同样市场的基础上，怎么做产品差异化。创新的产品一定要注意一点，就是基于我们原有产品的特性和优势，一定要有深度的结合。第二是除了在原有产品上做深化的创新之外，我们还可以做一个跟原有产品不相关的创新研发。因为企业已经到了一定的体量，不能只想着生存和发展的事情，要找一个方向来确定整体经营的避险池。

罗　尉：我有一个建议，往往很多食品加工企业或者食品生产企业，到了一定阶段就要走向深度研发，走差异化产品或者生物产品的路线，实际上也要看自己是否适合走这条路。可以结合2020年的大趋势，把资源用在市场，先预测，然后快递发送。这是今年一个好的风口，也许能够抓住这个机会，2020年就做这个事，电商还原，这是能够实现销量翻倍的好方法。

王　琼：我从人才管理方面给您建议。第一个在人才这一块您一定要去盘点关于组织的关键能力，还有关键岗位，打通业务战略和人才战略的发展，然后把业务场景翻译成人才规划，做瘦身。第二个你在引荐或构建您自己的或者在一个高度的这种领导力模型，可以去参考一些国际上比较好的领导力的模型，来明确发展的路径。第三个在绩效管理方面，要去关注企业员工，提升他们的能力跟发展，你要采取一些相关的管理手段。第四个在互联网上去获取一些人才，然后可以从雇佣或者合伙合作这种关系去有一定的培养，就是用一种创新的方式去构建战略性的前瞻性的人才决策，这是在人才管理方面给您的一些想法。

薛　青：把产品特色化，产品的设计要比较新颖，不要让人感觉就是买了个菜回去，特色产品对年轻人会很有吸引力。我感觉现在黄花菜的特点还没有显现出来，我们平时吃黄花菜吃得较少。黄花菜作为中药，可以跟中国中药集团合作，这个商业机会可以关注一下。

钱宝祥：我不知道总书记说了黄花菜是大产业之后，你们有没有什么后续的动作。很多人都不知道黄花菜的药用价值，我觉得可以拍一些黄花菜药用价值、实用价值的小视频，而且黄花菜很美，可以拍一些短视频传播一下。

李定真：补充三点：第一，可以走直播的路。第二，做一种饮料或者一些深加工，包括美容品，肯定要在高端市场开拓，黄花菜还有抗抑郁的作用，要让中年干部这个高危群体、长江商圈的人都吃这个菜。除了开发饮料，为什么不能研发医疗产品？第三，今年能不能努力冲一下新三板，促使企业规范运营。

湖南翼逖新媒体有限公司

谷任峰　湖南翼逖新媒体有限公司董事长

公司属于深圳回耒阳招商引资的企业，以互联网新媒体、电子商务、软件研发、网络游戏、大数据、生物科技、半导体电子元件研发和文化创意为八大主导产业。

2016年公司投资上亿元创建了湖南省县级市第一家最具规模的互联网科技产业园“耒阳软件开发创意园”。园区采用“孵化众创”机制，在短短的几年时间成功孵化创办了九家科技企业，是耒阳新媒体产业航母、科技人才硅谷、文化创意龙头，也是一家拥有跨平台的网络媒体集团企业。目前公司推出的一系列多元化产品为各大品牌与企业提供专业的推广解决方案。公司将硬件生产、软件开发、平台建设和内容制作列为发展重点，构建了互联网科技创新、互联网产业应用孵化和人才培养培训三大平台，加强“软件智能智造”在影视、旅游、文化、工业、医疗、教育和房地产等七大垂直领域的应用。为耒阳培育和输出更多的高科技人才，助力产业创新，提升城市品位，促进经济发展。

导师支招

朱　健：衡阳要做全国的市场，我们有这个自信，衡阳最需要的就是快速缩减跟时代之间的差距，弥补过去10年因为政治生态造成的损失，要一点一点把时间抢回来。

第一个建议，产品要从耒阳走到衡阳，好产品可以贡献出来，我还要去长沙、去北京、去上海找团队来开发，最近要大量招毕业生。

第二个建议，深度参与耒阳高铁新城的开发，高铁新城高铁西站那里规划起点比较高，周围的房地产目前引进的品质也还可以，而且离粤港澳这么近，我们要在耒阳打造一个中国定制城，我们有这个自信和底气。通过中国耒阳定制之都，全面走向全国，未来要深度参与。

殷　治：内心要有坚定的信仰，才能毫无保留地奉献。顶层的信仰是吸引优秀人才的第一个关键因素。第二个关键因素是优秀人才的聚集环境。我觉得企业能走到今天，关键是有一个灵魂人物。第三个关键因素是物质激励、精神激励。我觉得信仰这本身很重要，你要挖掘一下这个信仰本身是什么，入驻创业的这样一个精神动力来自哪里？

凌　岛：我就两个方面跟您交流一下：第一个您提到人才管理的问题，事实上我们都知道公司对人才的吸引、留住和激发，它是一套完整的机制和体系。第二个就是项目的精准爆发，我们最终要达到爆点上，我们的产品最终是为市场爆发服务的。

罗　尉：第一个提供多元化应用的互联网企业，不管是传统互联网企业还是现代互联网企业，把它打包组合成场景，也许便于深挖。第二个5G场景可以全部重做一遍，也许又可以再做19年。这两个建议，如果有机会到岭南去看一看，这个城市表现非常好。另外还有一个，上次参加船山论坛报道，有好多企业在做职业教育，设定市场的要求，互联网人才的职业教育也许是你擅长的，可以做这个事。

薛　青：核心很重要，就是说在某个领域要有积累，所以我的建议：定位确实很重要，因为能够从每一波热点中都挣到钱，而且能够持续19年到现在，应该是有很多经验的。像5G区块链，如果能够集中一些你们比较擅长的技术，机会应该是比较多的。

钱宝祥：你更多的是期待一个新的团队的扩大，所以我觉得最简单或者说最快的方式就是从耒阳来到衡阳，一定要走出你的城市，在衡阳尝试搞一个软件科技园，这是一个很好的点，实际上这个软件科技园跟你自己本地的软件，就可以产生联动的效应，基于这一点，你再走向湖南，再走向全国，我觉得这可能是一种比较实际的方法。

导师团总结点评

李定真：很感谢，第二次来到衡阳这个美丽的城市，上一次我们参加全国论坛是在电视台做的，规模也很大，今天又是在这样一个书院，不同的产品不同的氛围，更多的是通过这样的知识交流，通过大家资源层面的交流，以及通过和不同城市人的交流，把衡阳的城市名片和城市精神进行了展示。我觉得今天这样一个氛围非常好，我们各位企业家跟我们这些导师互相加一下微信，在今天简短的活动以后，更多的是长久的朋友之间的一些协作或互相之间的串联，越往后我们会看到越多的效应。这么美的城市，我们一起撸起袖子加油干，把衡阳变成一张湖南的名片，变成一张中国的名片。

本期小结

人才都缺，就是阿里、腾讯也缺。重要的是用好人才。用人讲究“随机随缘”，“随机”就是机制合适，“随缘”就是吸引力凝聚。湖南有吉食品有限公司地处祁东县，人才到当地来肯定还是有困难的，但可以和科研院所、高校，或者保健品、护肤品的一些公司去联合研发。要关注企业员工发展，提升他们的能力。衡阳市蓝羽境品牌管理有限公司，由七家知名文创团队共同成立，采取合伙创业或项目合伙吸引市场创新需要的人才，是很好的办法。湖南翼逖新媒体有限公司，发展涉及软件硬件、平台与内容，人才保障很关键。专家认为，顶层的信仰是吸引优秀人才的第一个关键因素；第二个关键因素是聚集人才的优秀环境；第三个关键因素是物质激励、精神激励。要用一种创新的方式去构建具有前瞻性和战略性的人才决策。

船山论坛（第十期）

服务本地市场，实现共享经济

本期金句

在人才技术和市场布局上，要结合自身实际，多作系统的、完善的思考。

——黄海清

作为地方教育信息化的“龙头”企业，应该多向全国“老大型”的企业学习，他们会帮你梳理标准，解决技术上的困难等。

——胡　冬

企业若想走向资本市场，必须要有核心竞争力和核心产品，这主要体现在技术创新和商业模式创新两方面。

——张纾翔

企业首先应该找准定位，凭借本地化服务这一优势快速整合资源。

——徐　铭

聚焦某一个点，把它做透了、做深了，不断挖掘发展潜力。

——李洪明

导师团

张纾翔

腾讯公司副总裁，负责腾讯云与智慧产业事业群华南区业务。曾在华为公司任职17年，担任华为公司副总裁等职务。

王新辉

腾讯公司政务云副总裁，数字广东网络建设有限公司董事、首席执行官，负责数字广东公司全面运营管理工作，任广东省“十四五”发展规划专家委员会专家委员。曾任职于神州数码控股有限公司，历任总裁、副总裁等职务。曾获评“2019数字政府十大创新人物”。

徐　铭

腾讯云与智慧产业湖南省总经理，腾讯云计算（长沙）有限责任公司总经理。曾在华为南京研究所、华为运营商业务部、华为企业业务部、华为云等多个部门担任重要职务。

李　锋

国动集团副总裁、国动信息科技集团董事长兼总裁。曾任南京军区网管中心党委书记兼主任、军区司令部信息化部工程建设处处长。

黄海清

上海德拓信息技术股份有限公司创始人兼CEO，上海交通大学高级工商管理硕士。在IT和互联网行业耕耘20多年。曾任甲骨文（中国）软件系统有限公司上海分公司总经理、腾讯公司腾讯云副总裁；曾获第十三届“上海IT青年十大新锐”“长三角十大杰出青商”“上海市领军人才”等荣誉称号。

李洪明

上海交通大学工学学士，安泰经济与管理学院EMBA。现任上海庆芮资本管理合伙人，曾任上海张江高科技园区火炬创业投资负责人，盛大资本合伙人。

胡　冬

爱迪实验室创始合伙人，腾讯上海创业基地创始负责人，上海众创空间联盟发起人，深圳创客联盟副理事长，上海交通大学零号湾战略咨询委员及多所名牌大学创新创业导师。

企业路演

衡阳晟达信息技术有限公司

肖　新　衡阳晟达信息技术有限公司董事长

公司成立于2005年，是高新区一家专注“智慧校园”投资及运营的高新技术企业。目前公司对外投资及运营了湖南科技学院、湖南工学院、衡阳师范学院、衡阳技师学院、耒阳幼儿师范学校、衡阳市田家炳实验中学等17所学校智慧校园项目，旗下拥有“中新智校”App、“中晟智校”App校园平台，通过平台为师生提供洗澡、就餐、购物、饮水、门禁等各种校园消费服务。公司拟积极开拓校园智能洗衣、智能电吹风、智能环境舒适冷暖系统、智慧班牌App系统、智慧校园教室定位考勤管理系统、智慧校园学生行为分析管理系统、智慧校园可视化巡课督导管理系统等业务，并通过移动互联网的供应链整合，为广大师生提供一站式云享智能服务，打造智慧校园生态系统。

导师支招

朱　健：第一个建议，我建议你当董事长，找一个人当总经理，这样有助于晟达快速发展。第二个建议，想清楚路径，你们在细分行业领域做得不错，可以再进一步通过政府引导把市场做大。如果这个智慧的付费系统，加上工程化能力做到极致，快速组织，造价也有一定的竞争优势，合作模式也比较稳定的话，衡阳的个别园区公租房、未来的员工公寓（衡阳园区要大规模发展园区员工公寓）这块市场可能就是个新兴市场。您提到的三项发明专利能不能在这个领域形成核心竞争力？一定要先在这个领域内把市场竞争力提升上去，争取湖南省一半的市、州打进去，再打进周边省份，再谈上市。

王新辉：第一方面可以考虑周边城市的市场，比如长沙，将规模先做起来，还要将产品进行扩充。第二方面公司缺乏股权结构，公司的财务状况不清楚。目前中央对中小企业有很多相关的扶持政策，都可以争取，公司是一个重资产的运营模式，对财务水平的要求非常高，所以财务方面是需要考虑的。第三方面要做上市企业的话，我觉得我们可以从产品区域、公司能力、团队建设方面进行补强，再考虑三年发展、五年规划。

张纾翔：我说两点：第一点是核心竞争力，没有把核心竞争力体现出来，是资金？技术？还是运营？第二点是怎么样找到更多的场景，快速扩张，未来公司整个的业务拓展，可以考虑跟一些大的平台公司合作。同时，注重安全问题，形成标准化的产品。

黄海清：第一点，在作商业计划书汇报时，逻辑很重要。比如刚开始汇报时，可以先讲市场前景，因为我们从事的行业市场前景很重要。然后是有哪些业务的痛点，公司的核心竞争力是什么，技术有没有稀缺性，有没有不可复制性，技术门槛有多高，和竞争对手相比优劣势在哪里等。再就是团队的遴选，核心团队的能力，团队的特点。第二点，要聚焦战略，智慧校园板块很大，您想做养老医疗会分散精力。第三点，在价值定位、战略定位、人才选用、市场布局、技术的核心竞争力等方面多作一些思考。

李洪明：第一个，做路演之前想一想能不能靠上大树。第二个，如果真的要这么去做，我就会想我需要钱，钱从哪里来。第三个，如果是一般性的企业，那就守住本土。这个时候我们就要讲情怀，讲扶持地方政府，而不是要地方政府扶持，所以更多的是我怎么更好地为这个地方服务。

胡　冬：首先您在衡阳本土已经在教育行业拥有相对大的渠道优势，或者是关系优势，您在探索的无论是BOT逻辑，还是工业逻辑，需要完成团队的更新和迭代。其次尽可能在湖南形成更多的码头，有的可以帮助您梳理标准，提供技术上的优势，包括人才服务。寻找更多的朋友，更多的合作伙伴，更多的供应链。最后可以聘请专业机构，帮助你们制定重要的战略框架。

湖南皖湘科技有限公司

易志远　湖南皖湘科技有限公司总经理

公司成立于2002年，坐落于衡阳国家高新技术产业开发区。现有员工120余人，其中研究生学历5人，本科学历占总人数的一半以上，且九成以上为技术人员，是一家国家级的高新技术企业，注册资本3 000万元人民币。公司具有国家高新技术企业认证、双软企业认证、安全技术防范行业一级资质、电子与智能化工程专业承包二级资质、软件能力CMMI3级资质、ITSS运行维护三级资质、信息安全风险评估和安全运维资质等。荣获湖南省诚信企业称号、招投标企业信用AAA级称号等。公司拥有软件著作权40项，自主研发软件产品17项，是湖南省领先的IT服务企业。

导师支招

朱　健：我先回答你关于人才引进的问题，衡阳下决心要大力引进人才。你看看能不能嵌入他们巨无霸企业中拿市场，在这个过程中培育你的核心竞争力，能不能形成软件，包括联合其他的一些企业形成快速的分包能力。第二方面，很重要的是做自主可控的适配，每年可以定期拿一些研发经费做一些培育，紧盯长沙做到什么程度，想清楚如何盈利。另外，我们最近在紧密布局经济直播，为未来的直播做配套软件。

张纾翔：第一要走向资本市场，要有自己的核心竞争力。可能现在在云开发还有系统运维，你有很好的经验和实力，我们可以继续做大，甚至可以与周边地区做生意，参与合作，共同发展。做产品一个是技术创新，还有一个是商业模式创新。

王新辉：建议依附腾讯，成为长期合作伙伴。依附腾讯以后，走向全国，特别是在湖南的业务中你可以做一些服务。数据作为未来科技的要素市场，未来必须走向开放，所以必须有一套相关的办法，其实广州的方法就可以借鉴。

黄海清：要考虑你的战略定位，怎么去转型？我个人觉得，第一个主动投入腾讯的怀抱，这是一个选择。第二个如果您未来走向全国的话，我建议您别把眼睛放在政务上，数字政府上。如果把智慧农业作为一个标准案例，形成一个模板，封装成农业大数据，智慧农业向全国推广是有可能的，总部在衡阳走向全国。

胡　冬：要抓住本地化服务的优势。因为任何一个大平台或做项目的公司，一定要有文化的推转。还有一个您可以跟腾讯合作，关于它的微信平台，企业微信或者是政府微信，我建议可以针对企业微信，考虑走企业市场，这块很多的场景是有待开发的，我们可以继续腾出企业微信去做一些场景，这样可能会很快就可以从衡阳飞过去，这可能是一条路径。

华南麟睿科技（衡阳）有限公司

刘彦麟　华南麟睿科技（衡阳）有限公司董事长

公司创立于2019年，是一家从事应用软件开发、大数据、系统集成、智慧城市等业务的创客公司。公司目前已打造衡阳旅游年票线上销售系统，并成为衡阳旅游年票线上唯一销售商。公司拟多维度深耕行业，开拓智慧旅游业务，并通过打造核心App产品和平台，构建衡阳休闲旅游生活生态圈。

公司目前已完成的案例有：衡阳市旅游年票系统政府采购项目及微信公众号的开发运营、衡阳南岳景区通道闸机系统集成项目、衡阳华南彩印智慧停车项目、衡阳华生科印综合办公系统开发服务、人证比对识别项目。

导师支招

朱　健：第一，针对所有引进的人才，我们在策划雁城大礼包。第二，我们从北京引进了一家企业帮我们做衡阳的消费生态圈，这是一个庞大的体系，先做衡阳消费生态圈，要线上线下结合，等到我们本地的消费生态做到一定层面，也有一定的盈利模式了，到时候再商量。

张纾翔：有几个小建议：第一重点放在小程序上，不要放在App上。第二我建议你考虑把重点放在本地的特色产品上，特别是本地的特色农产品。衡阳是农业大市，有很多特色的东西，比如说黄花菜之类，因为你在本地才有特色，其他的产品我一定不会在你这里买。第三我觉得你就是做本地服务，把有关的商业模式做出来，我们可以去利用包括这个小组最早期是怎么做的，我觉得这个可以借鉴。

王新辉：第一，衡阳确实是一个旅游大市，旅游资源非常丰富，以什么形式去推广衡阳的旅游资源，确实需要我们好好思考一下。第二，我觉得文旅行业目前是一个非常火爆的行业，是不是可以考虑把旅游作为你的一个方面。第三，我觉得可以把行业的优势集中一下，把衡阳本地的政府服务包括旅游一起做起来，好好思考一下企业的战略发展。

黄海清：我建议创业公司，腾讯干了咱们就别干，创业千万不能和BAT冲突，做生活服务、智慧农业大有可为。衡阳App慎用，当然小程序可以依托于腾讯，你想想怎么弄，做它的内容，做这方面看看怎么弄。

徐　铭：掌握的能力用来做旅游，衡阳你是怎么来运营的，你的运营的方法，你运营的定期的目标，共同目标是什么，我觉得有很多的工作要做，这是一个。另一个还是从产品上讲，比如你运营一个服务平台，但是这个平台到底是你的产品还是在自娱自乐，你要把你的运营方法和你的目标做好。

李洪明：第一做平台没那么容易。我觉得旅游类产品从互联网的角度来讲，估值是增长比较快的，相比教育类还是比较确定的。第二我觉得你要去找对你要推的产品敏感的人群，比如说什么年龄段喜欢什么，你可能要花好长的时间去摸索，然后比较精准地推荐产品。所以我觉得先不要想着自己一定要做一个什么样的平台，你可以通过一些生态，比如社区去细分一下。你这边有很多企业，得利用这个优势，是不是用你现在的门票和现在政府给你的大礼包，把这部分流量尽可能地细分再细分，把整个流量尽快变现，你会找到后面要做的事情的。

胡　冬：利用现成的资源把事情先做起来，我希望你从一个点去做，如果你还想产生这么大的一个事情，就从一个点、一个地方做透了、做深了，因为你本身不那么懂技术，不那么职业，所以我觉得第一个，切口要做小，你好好考虑一下。第二个要做低，以小见大，以低见高。第三个做服务。直播作为市里面的重大产业，你现在做直播在产业当中，我们叫服务，或者是内容服务商或者是服务提供商，如果衡阳有这个产业，你占产业服务的1/3，那就很好。所以我就说三点，叫做小、做低、做服务。

导师团总结点评

张纾翔：感谢市长，今天非常高兴来到我们船山书院，刚才市长也讲了，未来几个月会有更大的变化。衡阳人杰地灵，今天来了以后，我们的路演从销售到业务，应该是各有特点，非常鲜明。肖总是比较早期的创业者，从智慧校园开始一直深耕这个领域，用现在的词来说就是共享经济。我们已经有很成熟的模式了，接下来我觉得市场会开放更多的场景，我们好好总结一下，发挥我们的优势，比如太阳能技术、电吹风的安全技术等等，是不是可以再结合做一些商业模式，再做一些创新，把现在比较偏重资产的东西变得更精彩，发挥我们的运营优势和技术优势，这样可能会走得更好一些。

接下来还会有公租房、员工公寓等，另外志远这边可能大家都很兴奋，我们几位都是做IT出身的，聊聊志远公司都很兴奋，合作多点、结合多点，机会也很多，在衡阳有这样踏踏实实做企业做实业的，十几年做到现在这样一个规模，我认为这个是很好的。

接下来我们回集团之后去对接，我觉得这个可能对外拓宽，面对我们的渠道，或者是大家给我们一个更广阔的市场合作。建议企业的核心技术还是要调整，纯粹就是做集成或者说做开发，这种公司可能会比较挣钱，但是在资本市场上可能就没有太多的吸引力，所以还是要掌握核心的竞争力。刚才市长也介绍了，这可能不一定是你的最大的，这个市场很大，但是对你来说不一定，同时我想象这样的企业也是市场重点要培育的，你们能够很好地留住人才，对你的发展提供重要的贡献。

最后彦麟给我的感觉眼前一亮，我们市场的这个方向太正确了，留学回国的优秀人才带着一大堆兄弟们在衡阳创业，这是年轻的优势，你一定会摔几个跟头，但是也一定会在摔几个跟头的同时获得成长。所以我觉得90后，二十七八岁创业，未来就在你们这里，我们也希望在衡阳这样的企业越来越多，首先是留存下来，然后发展得很好，这样我们每年4万多的高中毕业生，将来可能不止回来3千，能回来3万，甚至是更多。

本期小结

不是所有的市场都走向大企业垄断，也不是大企业能覆盖一切角落。千里之行始于足下。三线城市新兴中小企业的发展可以先从大企业的“盲点”“死角”入手，如：背靠“大企业”技术、人才、资本等做好本地市场，发挥“本土优势”；然后择机而上、乘势而为。华南麟睿科技（衡阳）有限公司的衡阳旅游年票系统项目，从线上旅游走向线上商城。衡阳晟达信息技术有限公司拥有本地17所学校“智慧校园”项目，向广大师生提供各种校园消费服务。湖南皖湘科技有限公司的网络基础设施建设、应用软件开发及大数据服务、运维服务三大业务板块都是为本地政府机关或事业单位服务。专家肯定这种化本地优势为起飞资本的做法。家门口的口碑是天下闻名的根基。

船山论坛（第十一期）

传统企业的数字营销之路

本期金句

进入大数据时代，要利用互联网的力量，让产品更加贴近客户，尽快实现企业的数字化转型。

——杨冰之

通过私域流量来经营产品，以数字化做支撑，实现企业的逆势增长或差异化增长。

——周　怿

要改变以前先有产品再做定位的固有模式，先明确企业定位，确立资本思维，与资本市场齐头并进，这样才能把产业做大做强。

——王合群

办企业不一定非要单打独斗，应该把有限的资源整合起来，共同去开拓市场。

——石喜艳

精准定位好产品性能后，利用自身的专业和技术优势，集中精力、财力、物力做好拳头产品，盘活资源做大做强，争做行业标杆。

——赵国华

导师团

刘　锐

上海将邑智能科技有限公司、上海子春初十电子商务有限公司、上海小板凳农业科技有限公司董事长，新疆生产建设兵团上海商会副会长，上海市虹口区政协委员。

杨冰之

国脉集团创始人、董事长、首席架构师、首席研究员，浙江大学客座教授，著名互联网、经济学、大数据、物联网与智慧城市研究专家，曾任北京大学网络经济研究中心研究部主任、中国电子商务协会高级专家等职务。国家信息化“十一五”规划起草组成员、中国信息化50人论坛成员。

石喜艳

湖南优美兴科技发展集团有限公司创始人、董事长，湖南凤栖互联网技术有限公司创始人、董事长。

周　怿

新西兰奥塔哥大学工商管理博士。现任上海交通大学海外教育学院副院长，上海交大海外“中国最佳企业大学排行榜”发起人、主评委，兼任上海市商业保理同业公会副秘书长，《企业大学密码》作者。

赵国华

天津大学建筑学学士、博士研究生（在职），现任上海交通大学设计研究总院副院长，兼任上海交通大学PPP研究中心咨询部主任、中国技术经济协会投融资分会理事。

潘德亨

东华大学硕士，现任红星美凯龙新零售集团投资副总裁，兼任广东三维家信息科技有限公司董事、北京国富纵横文化科技咨询股份有限公司监事。

林志鹏

天津大学毕业，曾任职海量科技、微软亚洲研究院。现任北京无限向溯科技首席执行官，兼任广东省商业地产协会理事、福建永春北京商会副会长、中国景区联盟理事。

励凌峰

上海交通大学博士，上海圣博华康城市规划咨询有限公司董事长。上海现代服务业联合会副会长，上海青年高端创意人才，长三角十大文化创意产业领军人物，上海创意产业协会创意设计专委会执行主任，上海现代服务业研究院院长助理。

王合群

博士，工信部人才交流中心智库专家，万宝盛华（中国）发展规划专家，上海瑞力基金（中智人力资源基金管理机构）投资总监，毕业于华东师范大学。先后任职世界500强企业（MANPOWER）规划专家、关天资本副总裁、上海乙羽企业发展中心总经理、上海瑞力投资总监。

尹司媛

上海交通大学经管硕士，孝安投资管理公司合伙人，集沙成塔科技董事长，专注于产业规划、招商运营及智慧城市领域研究。

毛乾锟

上海交通大学电信工程本科、硕士，90后创业者。现任上海依梧信息科技有限公司总经理、上海乾动新能源科技有限公司CEO，筋斗云出行共享电单创始人。

企业路演

湖南金昌生物技术有限公司

周辛　湖南金昌生物技术有限公司董事长

公司坐落于衡山县经济开发区工业大道，项目规划用地66 600平方米，属省重点林业农业工程。作为油茶全产业链的企业，依托丰产茶油林提供的优质原料，对油茶进行高科技精深加工，提高油茶的附加值，预计到2025年实现上市，在2025年实现销售收入15亿元，创利税1.5亿元，带动5万户农民增加收入5亿元。公司产品以茶油为核心，以绿色、天然为思路，在古法压榨的基础上辅以公司先进的现代化工艺，生产出了“衡星坊”“衡岳”茶油产品，同时对茶油进行深入加工，依托公司的优质油茶原料，提取天然有效物质，开发了“茶一派”系列洗洁、护肤类产品。目前公司产品已多次获得国内重大奖项，例如2016年、2018年度中国旅博会银奖，2014年国际森林博览会金奖等，深受消费者欢迎。目前，公司已和湖南省林业科学院、中南大学、华南理工大学签订了长期技术合作协议，依托科研院校的技术力量，建立公司研发中心，加大研发投入，不仅有效提高了生产工艺效率，生产出更好的茶油，还参考中国传统油茶护肤文化传统，开发出既有传统优势，又有创新科技的健康护肤日用品（2016年获得湖南省第一家化妆品生产许可证，证号湘妆20160001）。发扬了衡阳的油茶文化，极大地提高了油茶的附加值，为油茶产业开辟了新的方向和利润点。在优质产品的支撑下，公司和国内外众多的日化品牌企业签订了长期合作供货协议，例如广州环亚化妆品科技（旗下品牌美肤宝、法兰琳卡、蕾菈、滋源）、诺斯贝尔（中山）无纺日化、广州栋方生物、澳宝化妆品（惠州）、上海悦目化妆（旗下品牌膜法世家）、雅兰国际、朝后化妆（旗下品牌韩后）等。

导师支招

杨冰之：茶油消费人群定位高端，如何将这个高端产品市场化和大众化，我觉得要在市场培育上花更多的精力和时间。可以借鉴一下东阿阿胶的市场营销方式，向大健康产业进军，根据茶油产品和洗护附加产品的健康性、无添加等特点做一个大健康方案，打造大健康板块链。进入大数据时代，要利用互联网的力量，让产品更加贴近客户，尽快实现企业的数字化转型。

周　怿：你们有这么好的产品和规划，如何在新经济模式下做到快速突围？第一要做好市场环境分析，日化市场是个红海市场，必须针对目标客户“对着干”，同时要利用好产品无防腐、好携带等特点，做到“与其更好，不如不同”，形成差异化竞争优势。同时，讲好品牌故事，引起消费者和用户的共鸣。第二要做好品牌战略定位，打造自己独属的爆品，将客户流量转化为“客户留量”，将目标客户人群变成忠实“粉丝”，通过私域流量来经营产品，以数字化做支撑，实现企业逆势增长或差异化增长。

石喜艳：良好的产品营销很重要，要定位好用户，根据定位来做营销方案，打开知名度。产品研发并非多就是好，而是分步骤、分过程的。我认为可分三步走：市场走一批、开发一批、预研一批，一切都围绕着用户的需求去进行。

赵国华：企业要想在竞争激烈的市场上占有立足之地，无非是把握好两个定位，一个是产品本身的定位，一个是消费人群的定位。我建议你精准定位好产品性能后，利用自身的专业和技术优势，集中精力、财力、物力做好拳头产品，盘活资源做大做强，争做行业标杆。另外，精准定位消费群体，根据不同的消费群体确定不同的宣传和销售渠道，扩大市场份额。

毛乾锟：企业的健康发展需要找准自身定位，战略上必须有清晰的聚焦，要打造具备核心竞争力的产品，通过增强用户对于产品的认知度和接受度来打开知名度。另外，企业在油茶种植和深加工方面有优势，也申请了专利，是不是可以考虑在产业链前端多赋能、多合作、多推广，进一步扩宽用户和市场。

湖南海联三一小苏打有限公司

周　游　湖南海联三一小苏打有限公司总经理

公司创立于2003年，位于美丽的雁城衡阳珠晖区，是一家集采矿、生产、研发和销售于一体的小苏打、纯碱产品生产企业。公司产品常年出口，累计外销80多个国家和地区。2016年起转型升级，产品质量达到了美国USP39食药标准。获得了3项发明专利，8项实用新型专利。通过了HACCP、ISO22000等国际认证，GMP认证也即将通过。同时公司开拓了零售和电商板块业务，经过努力，目前海联三一牌小苏打、食用碱系列已经在全国沃尔玛超市销售，并且其销量获得类目第一。除此之外，产品还在步步高、永辉、大润发及衡阳本地的香江百货等超市热销。线上营销方面，在京东和天猫也开设了旗舰店，并获得“京东好店”等荣誉。

导师支招

杨冰之：一家好的企业，是被资本追着跑的。海联三一从一个化工企业转型为走向千家万户的新零售企业，这是一个非常大的转型，要以数字化转型为支撑，重点聚焦品牌认知，通过互联网大数据来建立口碑，加深消费者的认知，让你们的产品成为美好生活的象征，不断提升市场核心竞争力。

赵国华：海联三一在产品研发、产品生产方面已经非常成熟，下一步应把工作重心放在产品销售上。小苏打这个产品物美价廉，只是很多消费者不了解它的性能和作用。为了更好吸引消费者，你可以在销售渠道上作进一步延伸，通过文化赋能、IP包装、产品包装设计等方式，扩大市场份额，提升附加值。我们有专门的工业设计团队，这块我们可以加深合作。

尹司媛：渠道和销售平台是你们未来需要加强的一个重要方向。我建议你做一个市场联盟。做品牌营销有两个渠道，一个是花真金白银买流量，另一个是自建流量。你们有客户基础，可以尝试做一些互联网的基因，将现有的客户进行数据化转化，通过圈粉、涨粉、裂变自建流量，打造自己的品牌营销战略。还有一个就是社群营销，通过微信零售、微商分销进行多级营销，在公司现有的阶段是比较好的一个方式。

王合群：当企业的生产技术达到一定水平时，就到了渠道为王的发展阶段。拓展渠道需要大量资金，建议采取一些大融资的举措，如果没有大融资，这个市场是难以支撑起来的。另外，产品和企业的定位是密切联系的。要改变以前先有产品再做定位的固有模式，明确企业定位，确立资本思维，与资本市场齐头并进，这样才能把产业做大做强。

潘德亨：从投资方的角度来讲，我们选企业，首先要看行业，然后再看企业的发展空间，如果在细分市场取得了领先地位，要想办法得到财务资本的细分。如何让你们的一线产品更好地延伸，得到投资方青睐呢？我有两个建议，第一个是在产品方面，通过直播和视频等这些成熟的模式来做好C端，帮助老百姓“种草”，通过C端扩大整个社会的整体需求量。第二个是在To B领域进一步拓展，目前二氧化碳产品和小苏打产品正在成为年轻一代追求低碳低脂的时尚需求，公司可以在这一领域发力，让财务资本、社会资本更好地聚焦于你。

刘　锐：小苏打产品不是一个具备高科技含量、高竞争力的产品，其客户群体非常清晰，主要为女性，且主要是在食用这一块。小苏打在清洗和护理领域还没形成消费习惯，将来有一段很长的路要走。目前来说，就是面对女性客户群体，充分了解客户的需求，立足产品包装、推广、渠道进行产品开发，并充分利用社区电商渠道去推广。同时，只要你坚持把这个培养消费者用户的想法坚持到底，不断增强客户黏合度，小产品也可以做成大品牌。

衡阳市裕峰影视传媒有限公司

刘文正 衡阳市裕峰影视传媒有限公司总经理

公司创立于2012年，是高新区一家集户外广告、社区媒体、线上媒体、影视拍摄、品牌全案运营于一体的老牌广告传媒公司，在全市具有一定的市场占有率。其中，户外LED广告屏占全市73%以上，电梯广告占全市四分之一，户外广告大牌30余个，商场广告云播机100余台。公司依托多年的广告传媒行业经验与全城户外媒体资源优势，通过交互式交易及物联网化资源共享等技术革新，实现了线上、线下相结合的全媒体、全营销、全覆盖，帮助客户提升企业品牌知名度。公司获得2018年度中国最具创新力传播公司及最佳整合营销奖，与国内外众多品牌企业及本地龙头企业建立战略合作，如中国移动、中国人寿、建设银行、农业银行、碧桂园、华帝、岭南小生等。

导师支招

杨冰之：在互联网领域，价值创新的点非常多。要有效采集数据，通过媒体的传统价值平台发挥经济效应，快速向数据世界转型。作为一个数字传媒企业，一定要找到自己的核心点，在这一点上把它做足，更好地体现价值，更好地引领企业发展，在新世界里实现更好的生存。

石喜艳：在你这一行，技术壁垒并不高，建议企业从市场、资源两个方面做到极致，积极与国内头部企业合作。办企业不一定非要单打独斗，应该是把各自有限的资源整合起来，共同开拓市场。

励凌峰：我们正在做一个工作，对全市劳动力做一个数据的排摸和收集，成立一个人力资源产业园。一方面，这个有可能成为你未来广告营销的数据源和业务来源，是我们之间的第一个合作点。另一方面，你们在从事传媒工作的过程中，做了很多的数据化或者数据收集的工作，你将信息反馈过来，对我们也会是一个很好的帮助。

潘德亨：最近物业公司在资本市场估值特别高。但很多物业公司跟我们讲，以前你们“瞧不起”物业，于是一不留神，就出了一个分众传媒。以前，可能没有土壤和物业公司合作，但现在情况已经发生变化。前不久，中国几大物业公司、地产商成立了合作公司，未来在小区楼宇广告这一块，他们可能会成为你很重要的一个合作伙伴。

林志鹏：你的数据能帮你提升广告溢价，建议你进一步细化数据，创造更多应用场景。你的设备开辟了公益广告时段，在电梯停电的时候可以提供一小时的电源补充照明，并具备报警功能，这是一个很好的战略考虑。这种结合有非常好的正向效益，一般传媒公司很难有这样的内容，为你们点赞。

刘　锐：刚刚你讲到，要用广告资源来帮助政府进行政务宣传、助力发展农村电商，获得经济效益和社会效益的双赢。我建议可以把这两项工作细化一下，形成具体方案，主动向政府申报项目。同时，建议企业精准定位，坚定地做一个地域性企业，扎根在湖南，将市场影响力辐射全省。

导师团总结点评

刘 锐：这是我第三次参加“船山论坛”。个人认为，这个论坛具备了四个方面的功能，对促进衡阳企业发展起到了积极的作用。

第一个功能是促进企业交流。就像今天这样，路演企业负责人在展示自己企业的同时，与在座的导师有一个很好的互动交流，我们的导师本身也是投资人、企业家。通过“船山论坛”这个平台，让更多的人了解路演企业，也让路演企业能够找到更多的合作伙伴。

第二个功能是为企业发展提供意见和建议。导师团专家来自全国各行各业，包括有经验的企业经营者、投资机构负责人、高校学者。古诗曰：“不识庐山真面目，只缘身在此山中。”我们有时候不能很清晰地知道自己企业的问题在哪里，但导师、专家却能以“局外人”的视角发现路演企业的问题所在，并帮助路演企业去解决一些实际问题。

第三个功能是金融对接。我每次参加“船山论坛”都会看到金融投资机构的身影，像今天在座的红星美凯龙潘总，他就一直在寻找好的企业去投资。同时，衡阳市金融办公室是论坛主办方，衡阳的国有投资公司每次都参会，他们本身就具备很强的金融对接功能。经营企业没有不缺钱的，包括金融投资机构也缺钱，他想有更多的钱去投更多的企业。大家都需要有一个金融对接的平台，“船山论坛”很好地担当了这个角色。

第四个功能是政策指导和政策对接。刚才，周游提到了自己的两个困难，一个是资金的困难，一个是政策辅导的困难。其实，我们在做企业的过程中，没有太多时间去关注政府到底出台了哪些政策，就算关注了也不会很准确。最好的方式，就是通过展示让政府了解我们，然后政府提高它的服务职能，对企业进行一对一的政策辅导和政策支撑。每一期“船山论坛”，朱健市长都亲自参加，都有衡阳市各级政府领导参与，所以说这是一个企业熟悉政府政策并获得政策指导的好平台。

本期小结

传统制造企业的信息化一直在CAPMS、CAD、ERP等企业内部信息管理系统上先行，但是，在CRM（客户关系管理）、客户画像、精准营销等方面相对滞后。专家对本期的三个企业：湖南金昌生物技术有限公司、湖南海联三一小苏打有限公司、衡阳市裕峰影视传媒有限公司都提出了更好发挥数字营销作用的良好建议。例如，广告营销中产生的数据能帮你提升广告溢价，建议进一步细化数据、创造更多应用场景；食用碱系列已经在全国沃尔玛超市销售，并且其销量已获得类目第一。湖南金昌生物技术有限公司的茶日化产品加工生产精良。应当听取专家的建议：自建私域流量、以数字化做支撑，实现企业的逆势增长或是差异化增长。

船山论坛（第十二期）

人工智能与新型工业

本期金句

对于项目投入、最终回报需要有清晰的定位，作为企业永远是要把生存放在第一位的。

——张征宇

人工智能如何跟城市场景进行深度融合，真正去解决痛点，有时比技术更重要。

——黄　智

智慧工厂是现代工厂信息化发展的新阶段。

——刘　健

企业需要考虑好“技术壁垒”和“技术门槛”，在未来的发展中，要规划好技术的投入方向，思考如何扩大国内的市场占有率。

——李忠强

对企业的不同业务进行有效的分拆上市，不仅有利于聚集主业，还能提高经营效率。

——刘守国

导师团

李忠强

德丰杰龙脉基金管理合伙人，上海交通大学安泰经济与管理学院管理学硕士。曾获中国风险投资峰会之“2015新锐魅力领袖”等行业荣誉，担任江苏省、海南省、上海市、长沙市、宁波市等省市的创业导师和引导基金评委。

刘　健

英特尔（中国）有限公司战略合作与创新业务部战略项目总监，美国乔治亚大学工商管理硕士，服务于Motorola、微软、英特尔等跨国公司二十余年。

刘守国

以诺康医疗科技（苏州）有限公司董事长，工商管理硕士，中国职业经理人协会荣誉会长，上海市安徽商会执行会长，上海市六安商会会长。

张征宇

海云捷迅创始人兼CEO，北京理工大学硕士，2012年创立海云捷迅科技有限公司，中国第一批OpenStack开源架构领军人物，兼任英特尔FPGA中国创新中心副总经理，曾担任“2019智博会FPGA智能创新国际大赛”评委。

黄 智

国云数据集团总裁，湖南大学岳麓书院中国哲学硕士，拥有十多年互联网与科技行业从业经历和投资经历，兼任全国工商联民办教育出资者商会常务理事。

企业路演

衡阳酷哇智能研究院有限公司

何 弢 衡阳酷哇智能研究院有限公司总裁

公司是衡阳市以“UP模式”引进的第一个由国内顶尖人工智能机器人团队创建的科技创新型企业。公司拥有以何弢博士为代表的多位全球顶尖人工智能领域专家，致力于以人工智能和智能网联技术，推动衡阳智慧垃圾分类、智能陪伴机器人、医疗仿生机器人等新兴产业成长，打造衡阳新基建新标杆。公司将研究和开发智慧垃圾分类，基于人工智能技术的可回收物和有害垃圾智能分类回收利用整体解决方案，以解决可回收物和有害垃圾的资源化、无害化利用难题；研究和开发陪伴机器人，以解决留守儿童、失独老人的家庭陪护以及心理健康问题；研究和开发高端医疗仿生模拟机器人，通过情景化教学提高医护人员培养效率和培养质量，并打破我国此类产品对国外的进口依赖。

导师支招

刘　健：智慧垃圾分类是社会效益和经济效益“双赢”的项目，非常看好这个项目的前景。从市民的参与度来看，建议项目主要集中在智能前端，更有效地降低对市民的技术要求，同时在后端强化人工智能技术的运用。

张征宇：从市场角度考虑，投入需要多大，什么时候能够获得回报？企业是要把生存作为第一位的，这个项目是非常大的概念，落地是个非常复杂的过程。技术壁垒如何解决？

何　弢：这是整个衡阳垃圾分类的综合性解决方案。有三家单位各自承担不同的责任。在此基础之上，我们负责的是智能网联及智能驾驶，本质是终端的转运环节。关于技术壁垒，用两点总结一下：第一，我们目前是智能网联和自动驾驶，国内体量最大的公司。第二，整个后端团队长期扎根在这个领域，在整个垃圾分类过程中，我们用智能网转运将所有的部分结合起来，我们也有边界，不会超出智能网、智能自动驾驶和机器人的范畴。

刘守国：这个项目非常复杂，建议重点把握产业链中的某一个环节，也就是人工智能技术的末端。那么，这个项目成功的概率会大大增加。

黄　智：第一，从核心来讲，贵公司未来可能更多要考虑怎么样抛开技术去运营，如何与城市场景深度融合，真正去解决痛点，这比技术更重要。第二，商业模式或者叫盈利模式有没有想清楚？第三，最终怎么样获取整个面部相关的数据，且更好地利用这些数据。怎么样落地，怎么样执行，怎么样把这个事情做好？

何　弢：我们真正的技术壁垒是商业落地，我们业内叫作双轮驱动，落地的根本是获得数据。我们确实要通过类似这种双轮驱动，来加大技术壁垒。

李忠强：怎么解决家庭用户的体验问题？建议项目方案多关注C端用户体验的问题。比如，垃圾袋是发放在居民家里还是小区里，垃圾投放时间如何设置更加灵活等，建议设计一个全面的解决方案。

何　弢：在整个垃圾分类前端，这个环节是根本性的问题，目前相对成功的核心因素是前端的战略和文化，如何与小区的业主单位进行利益分配，产生合理的激励机制。我们把后端节约处置的分类垃圾反馈到前端管理人员，通过参与度或者贡献来评价绩效。

衡阳德邦新金生物科技有限公司

邓志刚　衡阳德邦新金生物科技有限公司董事长

公司是中国第一、世界第二的有机微量元素公司，隶属于畜牧饲料及植物有机肥行业，专业聚焦饲料添加剂的有机微量元素。公司创立于2004年，是中国最早生产研发有机微量元素的企业之一，公司生产基地采用智能化合成车间，配备布勒全自动预混设备，与中国科学院上海有机化学研究所、中国农业大学等多家科研院校合作研发。

公司主要将有机微量元素产品应用在养殖和种植行业，公司的使命是专注有机微量元素，让农产品更安全，人类更健康！公司的愿景是做全球有机微量元素的领军品牌。

目前，公司年销售额为3亿元，预计2024年达10亿元销售额，并计划在科创板上市，2029年计划实现20亿元营收，利税2.6亿元。

公司90%的客户是中大型饲料企业和养殖企业，近两年公司开始为有机肥行业提供有机微量元素，同时公司加大对海外市场的拓展，让更多产品走向全球。

导师支招

刘守国：第一，生物科技领域每年全球市场的增长在15%以上。不管是现在还是未来、中国或者全球的市场，都有非常大的增长潜力。建议在营销上加大力度，尤其是海外市场的布局。第二，如果想每年保持30%以上的利润，建议现在就考虑和筹备上市，最好是在创业板或者中小板。

刘　健：第一，贵公司的企业文化给我的印象很深，制定得很到位。第二，你这个企业本身是To B的，但是如果有这么高的利润，建议尽量在终端——消费者的心目中建立知名度以及质量或是技术领先的形象。

张征宇：企业主要是做生物制药产品，产品的质量是企业最核心的基石，需要负责人亲自抓起来，这样无论对企业上市或者以后的发展都十分有益。

朱　敏：您现在的技术团队在整个企业中的占比是多少，这些人才从哪里来？人才和发展方向决定了企业的形象和战略定位。贵公司展现给全社会以及合作伙伴的时候，是一个怎样的形象？企业是怎样定位的？

邓志刚：德邦研发发展得特别快，前年非洲猪瘟来临的时候，几乎所有养猪企业的量都下降到只有一半甚至三成，我们反而在增长，就是因为几年前德邦开发了另一种产品，所以在客户眼中我们是技术研发型的公司。我希望将来企业要做好两方面，产品质量稳定和企业管理规范。

李忠强：在未来技术的投入方向是什么？怎么样扩大国内的市场占有率以及如何走向世界？在这里面技术对这个行业来说起作用吗？

邓志刚：现在都讲增量、增效，我们希望达到只有少量添加，且可以高效利用，以后把大量的无机微量市场，以不提高成本的方式用有机替换。

衡阳市瑞启新能源有限公司

胡家达 衡阳市瑞启新能源有限公司创始人

瑞达集团初创于2002年6月，2007年2月于美国纳斯达克上市，2008年后跨行业经营，分别于深圳、衡阳、东莞、越南投资十二家公司，现在主营业务分为三大板块：新能源、工业4.0加工制造手机玻璃深加工、工业控制电源。

衡阳瑞达主营新能源板块，主要生产高能量密度铅酸蓄电池、铅碳蓄电池、纳米硅固态蓄电池。衡阳瑞启主要生产锂电池，主要应用于UPS、通信基站、家庭储能电站和风光互补储能电站。其锂电池向固态锂电池方向发展，铅酸蓄电池向替代性复合材料方向发展。

集团计划于2023年将新能源板块在衡阳整体上市，其合并报表包括越南、深圳、衡阳等公司。上市后衡阳瑞达营业额将达70亿—100亿元，合并报表将大于150亿元。集团2019年营业额为77.8亿元，未来会以50%以上复合增长率变速递增。这三个板块已经分类在做上市准备工作。

导师支招

刘　健：智慧工厂是现代工厂信息化发展的新阶段。英特尔公司在智慧工厂方面有非常多的方案，如果有机会希望可以服务到你们的工厂。现在人工智能方案在工厂里应用很成熟，包括质量检测以及自动化机器人等。我希望，将来有机会能和你们合作建设智慧工厂，实现生产设备网络化、生产数据可视化、生产文档无纸化、生产现场无人化等先进技术应用。

胡家达：我公司自主开发硬件，软件也是依靠自身技术力量打通的。整个项目的研发费用投入是4.2亿元，有很多大厂希望和我们共同做，但未来进行技术推广可能就无法保密，这涉及知识产权问题。

张征宇：一是关于储能方面，储能对于电力行业来说，是一个到现在为止也没有解决的技术难题。贵公司的储能柜是现成产品吗，还是和电网有合作？二是电池的新能源技术，现在在日本和德国提到的都是铅或者锂电池，但日本和德国是把控氢氧的电池电子技术，您怎么看这个问题？

胡家达：目前在二次电子领域，中国的技术跟世界其他国家都在同一个起跑线上。实现固态锂电池也是有机会的，但涉及非常严重的污染问题，目前没有得到有效解决。

刘守国：企业可将新能源、手机玻璃深加工、工业控制电源进行分拆上市，这样不仅有利于聚集主业，还能提高经营效率。此外，企业应积极打造工业互联网平台，利用信息化、智能化技术提高生产效率，提升市场竞争力。

李忠强：三个业务分为三个不同公司，实际控制人都是您本人，每个公司的团队怎么去构建，股权怎么给，将来上市的时候怎么去继续完成，如何考虑让三个公司都获得好的发展，基业长青。

胡家达：一是要解决劳动力这个根本问题，我们的劳力成本只有5%。二是工业控制电源领域，电池总是被充坏，要是设计出来的电池不会被充坏，而是更好，这样就可以做成一个产业了。

导师团总结点评

李忠强：今天参加路演的三家公司，可以用一个词来形容——特色鲜明。衡阳酷哇智能研究院拥有强大的人工智能科研实力，衡阳德邦新金生物的企业文化、社会责任和绿色科技令人印象深刻，衡阳瑞启新能源回报家乡、二次创业的精神令我十分敬佩。在三位企业家身上，我感受到了浓厚的企业家精神。

什么是企业家精神？是一种创新意识，新思路、新策略、新产品、新市场、新模式、新发展；是一种责任，敬业、诚信、合作、学习；是一种品格，敢于冒险、准确判断、果断决策、坚忍执着；是一种价值观，创造效益、奉献爱心、回报社会；是一种文化修养，广博的知识、高尚的道德情操、丰富的想象力。

对于企业家来说，我认为，最关键的就是事业的成功，这是他们履行社会责任的前提条件。我期待，每个企业在各自细分行业内将事业做大做强，真正彰显创新精神。

企业家的成功是现代社会发展的重要标志之一。衡阳要想再次出发，作为一名企业家就必须时刻肩负使命，在你们的共同努力下，推动衡阳取得更大的成功。

本期小结

三线城市可以做一线生产、享一线消费。这是衡阳瑞达电源有限公司回归故乡、建设家乡的底蕴。衡阳的整体环境能保证新兴工业化、能实现制造业转型升级。衡阳酷哇智能研究院有限公司做智慧垃圾分类，提供基于人工智能技术的可回收物和有害垃圾智能分类回收利用整体解决方案。衡阳德邦新金生物科技有限公司采用智能化合成车间，配备布勒全自动预混设备。衡阳市瑞启新能源有限公司2021年争取承接国家级工业4.0服务项目。在衡阳，我们的企业也能做到生产设备网络化、生产数据可视化、生产文档无纸化、生产现场无人化。

船山论坛（第十三期）

各类企业的知识产权保护

本期金句

在大的政策环境下，要坚守自己的理念和方向，深耕本土市场，放眼异地市场，逐步打开全国市场。

——郭文涛

企业要精准定位发展方向，聚焦核心竞争力，寻求战略合作伙伴，不断扩展发展路径，获取更大的发展空间。

——姜金栋

将客户分类，培养标杆客户，通过标杆客户扩展客户群，打造企业与用户之间的“忠诚链”，提升市场认可度，扩大市场份额。

——钱　倩

企业要打破传统思维，主动寻求与直供有机肥需求端的合作，全力打造“技术服务+生产+销售”的全链条式发展模式，在“小而散”的市场中“统领群雄”，实现跨区域发展。

——刘　冉

导师团

钱　倩

飞马旅集团CEO、飞马资本合伙人，上海交通大学上海高级金融学院EMBA，高金创业创投协会执行会长，原分众传媒创始团队成员、集团资深副总裁。

姜金栋

浙江盘石信息技术股份有限公司副总裁兼首席战略官，赛伯乐投资集团合伙人、资深副总裁，浙江邦栋投资管理有限公司董事长，中国国际经济贸易仲裁委员会委员、仲裁员。

刘　冉

彬复资本创始合伙人，特许金融分析师、中国注册会计师、金融风险管理师，中南财经政法大学金融专业硕士校外合作导师、股权投资校友会副理事长兼联席秘书长。

郭文涛

承影互联（北京）科技有限公司副总裁兼合伙人，上海交通大学安泰经济与管理学院EMBA，上海交通大学EMBA摄影协会会长，华语商学院EMBA摄影联合会发起人。

钱宝祥

上海交通大学硕士研究生，码尚定制（上海人赢网络科技有限公司）创始人、CEO，曾获2018年“创青春”全国大学生创业大赛金奖，2019年入选人民网——百位CEO·上海。

企业路演

衡阳市博文优思维培训学校有限公司

任志俭 衡阳市博文优思维培训学校有限公司董事长

博文教育创办于2003年，至今已在衡阳、邵东、祁东、常宁、西渡、衡南、南岳、衡东等地创办了26所VIP个性化教育培训学校，年培训学生达6万人次。业务范围覆盖K12文化培训、艺术培训、全日制民办高中等，打造了一体两翼的教育生态圈新局面，连续12年被衡阳市教育局评为“优秀民办学校”，2018年被评为“湖南省优秀民办学校”。

导师支招

刘　冉：评价一个教育培训机构的教育质量一般有两个核心因素，一个是看师资，另一个是看课程体系。如“新东方”靠名师效应来招生，“学而思”则侧重于课程体系的搭建。博文教育有自己研发的课程，可以继续在教材和教学研发方面下功夫，提升教学水平和教学特色，以此降低对名师的依赖。

在用户扩展方面，博文要在教育源头去把握生源，构建一个金字塔结构，通过提升数据信息化管理建立健全培训用户全生命周期管理体制，为学生建立整体的学业规划或是学业管理规划，从而稳定用户群体。

郭文涛：博文教育目前的实力可能无法和学而思、新东方这种定位全国的线上培训机构相比，那么就要争取做衡阳线下教育培训的NO.1，这才是你的核心竞争力。你要明确自己的发展愿景，立足本土，做衡阳第一个上市创业板的教育机构，让衡阳的学生都想去博文，让衡阳的老师都想留在博文。在大的政策环境下，要坚守自己的理念和方向，当你做成衡阳的NO.1后，再放眼异地市场，逐步打开全国市场。

钱宝祥：博文教育在本地深耕了18年，已具备了一定的规模和品牌效应，未来依然是大有可为的。从教育培训领域的发展前景来看，未来K12文化艺术培训、职业教育培训和蓝领培训是三个主要方向，博文可以结合这三个方向寻找新的发展契机、发掘新的增长点。

对于优秀师资流失这个问题，博文教育是否可以考虑转换一下思维模式，把对教师的培训成本转换为投资，将博文变成一个平台，让离开的老师成为帮助博文发展和成长的资源。

衡阳凯新特种材料科技有限公司

李勇全　衡阳凯新特种材料科技有限公司董事长

公司创办于2013年，是一家从事高纯氮化硅及集复合材料自主研发、生产、销售于一体的新材料企业和高新技术企业。公司已申请50余项专利，其中发明专利5项，授权专利9项，已通过国内ISO9001质量管理体系认证、知识产权管理体系认证和国军标等体系认证，取得了相应的军工资质，产品质量处于国内领先水平，被国家工信部纳入工业企业和知识产权企业运用试点示范企业。

导师支招

姜金栋：凯新科技在产品技术研发方面非常先进，发展前景也非常广阔。在此基础上，企业要精准定位发展方向，聚焦核心竞争力，寻求战略合作伙伴，不断扩展发展路径，获取更大的发展空间。同时要以“跳出衡阳看世界”的战略眼光，瞄准世界一流企业标准，建立现代高效的企业制度，不断优化内部管理机制，在竞争中发展壮大。

钱　倩：凯新科技的产品已应用于冶金、军工、工业轴承、光伏等多个产业。针对新产品在市场推广上存在的一些痛点，我建议你将客户分类，培养标杆客户，通过标杆客户扩展客户群，打造企业与用户之间的“忠诚链”，提升市场认可度，扩大市场份额。

刘　冉：公司的研发和生产技术已经成熟，重点是如何推广，如何加快产业化落地的进度，建议企业尽快将领先技术转化为现实生产力和应用产品，形成竞争优势。

湖南明镜生物科技有限公司

易　露　湖南明镜生物科技有限公司创始人、总经理

公司成立于2017年，是一家立足于农业循环经济的创业型国家高新技术企业，主要从事生物技术的开发、畜禽养殖粪污资源化利用及在相关环保领域内的应用研究，

在畜禽养殖粪污资源化利用方面，颠覆了传统有机肥生产工艺，致力做国内规模最大的优质有机肥料供应服务商。

导师支招

姜金栋：将臭不可闻的畜禽养殖废弃物，成功转化为高附加值的有机肥料，明镜生物科技推出“粪德宝”项目真正实现了“变废为宝”。相对于其他传统肥料，有机肥料具备成本低、见效快等优势，但也存在一些不可预见的生物风险。企业在作市场规划时，要最大程度规避风险，利用政府的政策和支持，寻求更多合作伙伴，有效推动自身快速成长。

刘　冉：有机肥行业的企业普遍规模不大，市场集中度不高。同时存在认证周期长、技术标准不统一、跨区域推广难等发展痛点。因此，企业要打破传统思维，主动寻求与直供有机肥需求端的合作，全力打造“技术服务+生产+销售”的全链条式发展模式，在“小而散”的市场中“统领群雄”，实现跨区域发展。

钱　倩：明镜生物科技的核心技术是高效菌群降解转化床技术，其特点是研发成本较高。对于资金不足、周转慢的问题，企业要尝试进入融资的供应链里面，来解决资金难题，也可以通过加强企业之间的合作，进一步扩大规模。

导师分享

姜金栋：SaaS 行业　蓄势待发　前景广阔

SaaS 是 Software-as-a-Service（软件即服务）的简称，是随着互联网技术的发展和应用软件的成熟，在21世纪开始兴起的一种完全创新的软件应用模式。

在这一模式下，用户向提供商租用基于Web的软件，来管理企业经营活动，且无须对软件进行维护，服务提供商会全权管理和维护。对于许多小型企业来说，SaaS是采用先进技术的最好途径，它消除了企业购买、构建和维护基础设施及应用程序的需要。

当前，中国SaaS市场保持30%—40%的高速增长率，预计2020年国内SaaS市场规模将突破1 000亿元，发展前景十分可期。马云、马化腾、黄铮、扑飘扬等中国企业家，几乎全是来自SaaS行业。

在这样的时代背景下，RockySaaS（盘石集团）应运而生。我们致力于为中国中小微企业构建企业经营管理的商业SaaS生态，帮助中小微企业进行市场营销、业务运营、品牌管理、组织管理、协同办公的数字化转型提供SaaS产品服务。

未来，希望通过我们的技术、市场方案，推动中国SaaS行业做强做大，助力衡阳数字经济发展。

导师团总结点评

钱　倩：这期参加路演的三个企业各具特点，在各自领域内都很出色，发展潜力巨大。经过一下午激烈的脑力激荡，我们也受益良多。

资金、人才、市场，每个企业在创业过程当中，都会遇到这三个问题。除此之外，三家企业还有很多个性化的问题，今天在场的几位导师提供了一些建议和思考方式。但最终需要你们自己动脑筋，想方设法去打通任督二脉。而不是说，今天我们教你一招，你就可以一招破敌。只有把这些招数掌握了，把“元气”练足了，你们才能实现更大突破。

船山论坛是一个企业展示的平台，更是各方交流、资源对接的平台。未来，期待各位导师与路演企业家以及衡阳高新投、衡阳市金融办的同事们，能够开展更加深入的交流，把各方资源汇聚在船山论坛这个平台上，发挥出最大效应。

在这三个多月的时间里，我们筚路蓝缕以启山林，开辟了一条没有人走过的路。请让我们不忘初心、牢记使命，记得出发的地方，记得激励我们的是一种怎样的精神。

我相信，只要我们沿着正确的道路一步步走下去，就会看到更加光明的前景；我相信，衡阳不鸣则已，一鸣惊人！

本期小结

知识产权包括专利、著作权、商标、地理标志、商业秘密、集成电路布图设计等智慧成果产权，企业的核心竞争力必须借助知识产权来形成并保持。专家建议衡阳市博文优思维培训学校有限公司专注做好衡阳线下教育培训，形成教培产业的驰名商标品牌。此外，课程体系的开发等也必须做好著作权及其邻接权的保护。衡阳凯新特种材料科技有限公司被国家工信部纳入工业企业、知识产权企业运用试点示范企业，做得好。专家建议，知识产权的开发也不必太发散，应该精准定位发展方向、聚焦核心竞争力。非核心业务的知识产权可以卖、可以许可、也可以入股等。湖南明镜生物科技有限公司在畜禽养殖粪污资源化利用及工业有机恶臭废气（VOC）的治理方面具有领先水平，公司选育、驯化、培育后组合成功能强大的高效菌群，这种类似动物新品种的情况虽然还没纳入专利等知识产权保护范围，但仍需注意创新成果的产权保护，如：对培选方法申请专利或加强技术秘密的保护，与员工签订保密协议以及竞业禁止协议等。

船山论坛（第十四期）

企业的市场定位和发展之路

本期金句

保持企业的领先地位，建立自己的技术优势，尽快去上市，到资本市场去打开融资的路子。

——周君华

是做高端产品，还是走大众路线？要找准定位，锁定客户来源，进行精准营销。

——张飞亚

你们的发展赛道有多长、如何进行市场定位？这是初创企业必须进行战略思考的问题。

——张一丁

整合本地资源并形成强大的资源掌控力，深耕三、四线城市，发展成为一个具有区域影响力的公司。

——朱　磊

对于一个优秀的企业家来说，要正视市场的形势和自身的基因、条件，及时止损，及时调整方向。

——王 琼

导师团

王 琼

长沙微孵化网络科技有限公司总经理，英国伯明翰大学人力资源管理硕士，阿里云长沙创新中心创业导师，新兴行业高成长性企业赋能方案专家。先后服务于远大集团、长沙高新区、国家科技部火炬中心。

朱 磊

蘑菇车联董事长兼CEO，南京大学大数据实验室主任。毕业于上海交通大学、清华大学。历任百度垂直搜索技术委员会主席、滴滴出行副总裁、易车CTO。

邓志伟

清华大学汽车工程学士及硕士，蘑菇车联副总裁、蘑菇OS部总经理。

邱建华

智慧眼科技股份有限公司董事长，北京大学光华管理学院工商管理硕士，北京老来网科技发展有限公司创始人兼CEO，湖南老来网科技发展有限公司执行董事。

鄢会峰

北京索玛特科技有限公司创始人兼CEO，中国房地产业协会产学研用分会副秘书长，沃顿商学院PMBA。

张飞亚

万街集团合伙人，上海万街商业管理有限公司总经理，上海复旦大学EMBA，中国社区商业研究院专家。

张一丁

苏州北硕检测技术有限公司总经理，中国机器人CR教育培训标准委员会委员，江苏省双创人才、姑苏科技领军人才、金鸡湖双百人才。

欧国新

苏州北硕检测技术有限公司副总经理。

周君华

苏州嘉睿万杉创业投资合伙企业合伙人。

熊　炜

上海交通大学国家模具CAD工程研究中心中试基地反向工程及快速成型研究室主任，中国模协教育培训委员会副主任、高级工程师。

唐　伟

杭州逐一科技有限公司常务副总经理。

企业路演

湖南神农国油生态农业发展有限公司

李万元　湖南神农国油生态农业发展有限公司总裁

公司成立于2016年，是一家集油茶育种、栽植、加工、科研、销售于一体的综合性农业产业化国有控股企业，年销售额达1亿元。是全国茶油产业重点企业，曾获中国林业产业贡献奖、2011年湖南省质量服务百强品牌及中国国际食用油产业博览会特种油脂金奖等殊荣。

导师支招

熊　炜：进入资本市场融资，首先需要思考这么几个问题：产品有什么优势，竞争对手是谁？市场前景怎样，是否有快速增长的潜质？因此，建议对食用油市场进行一番深入分析，提炼自身的比较优势和质量优势，找到行业快速增长的市场机理。

周君华：建议保持企业的领先地位，建立自己的技术优势，尽快去上市，到资本市场去打开融资的路子。在销售渠道方面，建议你尽快与天猫、京东、小米等大平台合作，加强线上销售能力。

张一丁：建议开辟新的销售思路，就像李子柒那样，通过讲述中国故事、中国文化，进行直播带货。突出茶油作为中国传统农特产品的文化内涵，加大宣传原生态、无污染的概念。

邱建华：我感觉企业发展方向太多了，应适当压缩，可以放慢油茶小镇的建设节奏，把更多资金和精力聚焦在如何做好“一瓶油”的问题上。同时，期待你与我们“老来网”合作，通过“直播+电商”的模式，让流量变现，促进茶油的推广、销售。

张飞亚：茶油是做高端产品，还是走大众路线？要找准定位，锁定客户来源，进行精准营销。除了线上平台、直播带货，我建议在线下通过社区电商，直接把销售渠道辐射到各个城市小区。

欧国新：油茶多分布在湖南、江西，北方很多人对茶油了解不多。建议把茶油定义为食用油里的“爱马仕”，加大宣传，把茶油的特色向消费者介绍清楚，把它的价值充分展现出来。

湖南康凯信息技术有限公司

凌　云　湖南康凯信息技术有限公司董事长

公司成立于2016年12月，是一家专注于医疗卫生领域应用软件的研发和技术服务的高科技企业，自主研发了凯乐康宁智能诊疗平台，形成新型诊所诊疗模式。

导师支招

唐　伟：建议从智能家居、智慧家庭、智慧社区几方面进行资源整合，融合各种云平台，导入智慧医疗的模块，将产品精准打入C端用户。

周君华：你的定位肯定是对的，产品应用到诊所后，切实解决了他们的痛点，帮助他们拓展了业务能力。但需要注意的是，这个领域并没有很强的技术壁垒，中国有大量的企业在跟你做一样的事情，如果不尽快稳固，占领市场，形成核心竞争优势，很快就会在与大集团的竞争中落败。建议你把团队建设做得更强一些，把产品做得更细一些，不断增强影响力、完善产品功能。

张一丁：你们的发展赛道有多长、如何进行市场定位？这是初创企业必须进行战略思考的问题。建议聚焦到某一个点，比如说二维码的支付应用，它为小到一个卖铅笔的地摊解决了售前问题，为基层医院、诊所提供了一套智慧医疗方案，帮助他们解决最需要解决的问题，实现产品的适销对路。

邓志伟：你是否有强大的专家团队，能够在线解决用户遇到的医疗问题？是不是能够及时响应这些用户的需求？我想，只有扩大医疗支撑资源，才会获得更多的收益。同时，要通过回答好这两个问题，进一步明确发展定位。

湖南云脸智联科技有限公司

李　响　湖南云脸智联科技有限公司创始人、总经理

公司成立于2019年9月，是一家集打造智慧社区、人

工智能安防于一体的科技企业，目前已签约80余个小区，目标是以衡阳为样板城市，覆盖全省各地级市，再以湖南省为样板辐射全国。

导师支招

张一丁：在当前的市场环境下，靠智慧社区流量变现的模式并不乐观。这一领域已经有很多房地产背景或者互联网背景的大公司，比如，海康威视与万科物业成立了万御安防，腾讯、阿里也开始布局。建议你尽快转型，往可视门禁、智慧安防方面下功夫，可以先通过出售硬件来提高盈利。

鄢会峰：建议你结合时代需求，往公共卫生安全领域转型。比如，在小区单元门更换一个门口机，具备刷脸和红外体温检测功能，建立一个人员可追溯系统。实质上，这跟前面提到的智慧医疗项目有点像。据我观察，一些企业已经在这个方面取得了成功。

朱　磊：如果继续维持现有的发展战略，建议听取前面导师的意见，将类似智慧医疗那个项目做好、做强，整合本地资源并形成强大的资源掌控力，深耕三、四线城市，发展成为一个具有区域影响力的公司。

邱建华：在不转型的前提下，建议你将现有产品从小区大门往入户门拓展，开发具备人脸识别或者手指静脉识别技术的入户门。同时，利用硬件的可视化平台，与社区电商合作，实现数据的变现。

王　琼：我们非常肯定你的团队运营落地能力。对于一个优秀的企业家来说，要正视市场的形势和自身的基因、条件，及时止损、及时调整方向。实际上，包括腾讯、百度、阿里这些大公司，通常也是这么做的，这并不是一件可耻的事情，我甚至认为这是一个非常勇敢、非常明智的选择。

导师分享

朱磊：新基建与智慧交通

创业一定要顺势而为，一定是基于国情和国家发展战略去做。2000年左右，智慧交通的基础理论在美国出现，最早提出的概念叫“车路协同”，设想让汽车像火车在铁轨上那样行驶。在这一技术路线下，需要对道路系统进行改造，以适应无人驾驶的需要。但在实践过程中，美国在基础设施建设方面遇到了很多的困难，以Google、特斯拉为代表的主流美国企业，最终决定以汽车的“探测和智能化”模式来开发无人驾驶技术。

在中国，我们有条件通过改造道路设施、建设新型基础设施的方式实施“车路协同”方案。自2019年底开始，尤其是在新冠疫情的催化下，国家加速了新基建政策的落地。预计到2025年，中国在5G通信、大数据、人工智能等新基建领域直接投资将达10万亿元。这是一个非常大的导向信号。

“车路协同”无人驾驶技术的可落地性、成本控制方面较“探测和智能化”无人驾驶技术更具优势。而且，这一优势也能获得资本市场的认可，就像滴滴那样，技术应用市场后，其盈利空间和市场规模都将是巨量的。

综合考虑国家的宏观政策与资本的发展方向，我们的创业项目蘑菇车联最终落户在北京顺义智能网联汽车示范区，这是国内第一个开放式5G商用智慧交通车路协同项目。对示范区部分开放路段及路口进行智能网联化改造后，我们做了一系列的测试。一年下来，效果很明显，安全性能有很大提升，做到交通零事故是完全可能的。

导师团总结点评

王　琼：企业发展进入瓶颈，市场在走下坡路的时候，我们最需要做的是什么？是开放、分享。

在美国硅谷，一些创新谷每两周就要进行一次“头脑风暴”，企业家们聚在一起进行开放式的探讨和交流，分享各自的理念和资源，推动困难企业创新商业模式、完成资源的对接，最终帮助企业走出困境。

“船山论坛”也具有这样的机制和功能。衡阳的企业家、来自全国各地的导师，通过这个平台都能获得开放交流和分享的机会。今天出场的三位企业家，通过“开放和分享”，勇敢地走出突破瓶颈的关键一步，我相信你们能经受住市场的考验，最终走向成功。

我们都要珍惜和感恩“船山论坛”带来的机遇，凝聚起奋发向上的力量，积极投身衡阳这片创新创业的热土，共同为衡阳建设名副其实的省域副中心城市作贡献。

本期小结

下围棋的人都知道，赢棋需要既能眼观全局又能抓住当下时机。做企业也一样，必须因应市场变化找准自己的相对优势发力，不能僵化。专家提出疑问：湖南康凯信息技术有限公司能够在线解决用户遇到的医疗问题？是不是能够及时响应这些用户的需求呢？其言下之意大概是：如果难以解决，那么还是找些能变现的活干靠谱。专家指出：湖南神农国油生态农业发展有限公司的发展方向太多了，应把更多资金和精力聚焦在如何做好“一瓶油”的问题上；湖南云脸智联科技有限公司也应看清楚：在当前市场环境下，靠智慧社区流量变现的模式并不乐观，建议尽快转型，如做可视门禁、智慧安防或者开发具备人脸识别或者手指静脉识别技术的入户门，先通过出售硬件来提高盈利。企业找好自己的“现金流之道”，才有经商的资格，不迎合市场的思维习惯与纸上想象当弃之如敝屣。

船山论坛（第十五期）

生物医药企业的未来探索

本期金句

加强信息化支持，借助现代化互联网技术共享高端优质医护资源，不断做大做强。

——冯　芳

企业要有长远规划，做好人才梯队建设，不断提升核心竞争力，利用互联网技术和人工智能服务，进一步拓宽服务领域。

——杨章宏

只有专注才能做好质量，只有专注才能减少危机，只有专注才能实现可持续发展。一旦你专注，深耕某一个专科领域，就可能做到无人能敌。

——张发宝

借助文化力量，拓展海外市场，传递中国人的价值理念、思维方式以及生活态度。

——张　晨

导师团

冯　芳

北京极地加科技有限公司、北京有心科技有限公司董事长兼CEO，连续成功创业者和创新创业孵化、创业教育专家，同时兼任科技部火炬中心创业导师，教育部和工信部双创课程讲师，中山大学、北京大学、华南师范大学等高校创业导师和客座教授。

张发宝

博士，梅斯医学董事长，生物谷和梅斯医学创始人，中国肠微生态-疾病整合联盟副主席，中国大型临床研究方案初审专家。

李欣梅

梅斯医学创始人、总经理。中国科技大学博士，上海交通大学安泰经济与管理学院EMBA，美国西南医学中心神经药理学研究员。

程　亮

梅斯医学副总裁，上海交通大学安泰经济与管理学院本科&EMBA，国家认证管理咨询师，ESOMAR会员，先后服务于WPP集团和海尔亚洲集团，具有15年以上咨询经验。

张　晨

人民网创业投资有限公司资源运营部主任，《中国区块链应用发展研究报告（2019）》编辑组成员，曾任中国科学报、新浪网、凤凰网等媒体记者，从事科技创新及金融投资领域的新闻报道工作。

杨章宏

极地国际创新中心大健康事业群执行合伙人，长沙极地加孵化器有限公司董事、总经理，医学硕士、外科医师、中级遗传肿瘤基因咨询师。曾就职于湘雅三医院普外科、湘雅三医院健康管理中心，有23年的临床医学及健康管理经验。

胡　兰

国泰君安证券股份有限公司湖南分公司党总支书记、负责人。曾先后任国泰君安证券长沙五一大道营业部总经理、广西分公司总经理等职。

徐能军

上海汇头信息技术有限公司创始人兼总经理，上海交通大学工程管理研究所信息技术总监。上海交通大学船建学院研究生毕业，上海交通大学安泰经济与管理学院EMBA。主要从事企事业单位数字化和智能化转型，智慧养老、智慧社区、智慧园区等。

企业路演

衡阳华程医院

祝平照　衡阳华程医院董事长、院长

华程医院是经市卫生行政主管部门批准设置的城区大型二级综合性医院，注重内外妇儿均衡发展，重点突出放化疗相结合的肿瘤中心、微创介入为特色的肿瘤血管介入中心、中西结合配合传统手法复位的创伤骨科中心等九大特色专科。

导师支招

冯　芳：作为一家二级综合性医院，设置九大特色方向，在我们看来有点难度，建议战略定位更加精准一些。高端的临床医疗专家很难引进，要加大人才的持续培养力度；加强信息化支持，借助现代化互联网技术共享高端优质医护资源，不断做大做强。

杨章宏：想要在医养结合领域获得一席之地，关键要提升医疗质量。企业要有长远规划，做好人才梯队建设，不断提升核心竞争力。可以利用互联网技术和人工智能服务，探索建立家庭护理服务机制，进一步拓宽服务领域。

李欣梅：企业发展不仅需要做好自身的战略定位，同时也要对客户做好精准定位。要明确定位侧重点是在“医”还是在“养”，然后根据定位来进行团队管理和人才引进，从而促进企业更好发展。同时也要对本区域需要康养的老人的健康信息、常见疾病、突发疾病等进行大数据调查、分析，把他们转化为自己的客户。

程　亮：医养机构需要专业的医护人才，建议院方和医学院加强合作，整合各自优势资源，积极搭建实践基地和校企“产学研用”合作平台，形成专业、产业的相互促进、共同发展，实现共赢。

张　晨：现在国内很多上市企业都在做康养板块，相比这些企业，你要进一步盘活自身优势资源，做精做细，才能更好地吸引资本。要学会“借力打力”，用成熟的应用场景去置换股权，和具备先进的“人工智能+医疗”“大数据+医疗”等相关技术的企业合作，增加技术资本和净资产，提升核心竞争力。

湖南世福医疗科技有限公司

赵梓然　湖南世福医疗科技有限公司联合创始人、总经理

公司成立于2018年8月，是衡阳地区首家连锁化、信息化、现代化的新型社区医疗机构，开展诊疗服务包含：全科便民诊疗、康复护理治疗、专家问诊转诊、中医治疗等。

导师支招

张发宝：连锁诊所是一个新的社区医疗模式，也属于医疗服务的“最后一公里”。但需要注意的是，随着连锁的规模的扩大，对于医疗专业人才的需求会越来越大，信息化管理的成本会提高，风险管控的难度也会加大。

很赚钱的事情，我们不一定非要做。只有专注才能做好质量，只有专注才能减少危机，只有专注才能实现可持续发展。一旦你专注，深耕某一个专科领域，就可能做到无人能敌。如果你旗下有很多普通的社区诊所，即便发展到100家、200家，别人也能轻松超越你，而且一旦有风险，波及的是平台上的所有诊所。因此，对于连锁诊所的发展模式，还需要作更多的深入思考。

杨章宏：连锁诊所不是一个新鲜的事物，成都做过一个全国试点，也取得了一点小成果。但这个模式并没有向全国推广，连锁诊所牌照的门槛也一直没有被打开。按照国家规定，每一个医疗机构都必须单独申请牌照，每个诊所的法人必须是医生，且必须在取得《医师执业证书》或者医师职称后从事五年以上同一专业的临床工作。

每一个诊所的法人都是一名创业医生，这在管理架构上很难统一。假设，公司旗下有9家诊所，可能不会有问题，但规模扩张到90家，你能保证90个创业医生都跟你保持一心吗？在长沙，一些上市公司试水连锁诊所业务，经过几年的发展，那些诊所虽然挂的还是连锁诊所的牌子，但是实际上已经是在独立运营了。

这确实是一条非常辛苦的路。但健康体检的思路是对的，体检之后的结构管理也很有发展前景，但是不能够落在连锁诊所上。根据国家规定，申请健康体检的医疗机构，在执业条件和许可上有更多、更严格的要求，仅仅“至少具有2名具有内科或外科副高以上专业技术职务任职资格的执业医师，每个临床检查科室至少具有1名中级以上专业技术职务任职资格的执业医师”这一条，就是一般诊所难以具备的。

综合以上，建议你对企业的发展模式有更多的专业思考和战略谋划。

湖南刘文龙生物医药有限责任公司

肖鸿翔　湖南刘文龙生物医药有限责任公司总经理、工程师

公司是一家集医药产品研发、生产、销售于一体的高新技术企业，药品生产企业湖南好皮夫制药有限公司系其全资子公司。公司已获国家授权发明专利5项，拥有9个品种的国药准字号产品，主要是软膏制剂、乳膏制剂，代表药品有蜈黛软膏、克霉唑乳膏，目前正在研发一种治疗癌症的新药。

导师支招

张　晨：咱们公司如果有兴趣做海外市场拓展这一块的话，对品牌、定位还需要做一个系统性的梳理和包装。你可能需要站到国家层面去考虑海外市场的问题。它代表的不仅是咱们这一个医药品种，还是在传递中国人的价值理念、思维方式以及生活态度。到海外去传播的时候，它就不仅仅是帮助别人治病，而是架起了一个沟通中外的桥梁，可以试一试申请国家海外文化传播项目，或者也可以与一些中餐厅合作，用中医药去做一些文化的传播，不断扩大产品的销量。

胡　兰：你有两个产品将要进行新药认证，这是一个很好的优势。资本市场对于拥有好的医药产品的医药公司有浓厚兴趣，如果你的产品可以顺利通过新药认证，融资将会更加方便。或者与医药类上市公司开展合作，做一个产业化的推广，也能够解决企业发展的瓶颈。

徐能军：从技术角度来看，未来可以开发一种数字化、AI技术，在病患处拍一张照片，就可以确定病症是否能够用上你开发的药品。

导师分享

张发宝：生物医药产业下一个5年

创新药的市场价值远远高于普药，市场规模在2025年预计可达2 000亿元，年复合增长率预计30%。可以明确地说，创新是中国生物医药未来5—10年的发展主题。

2019年，NMPA共批准53个新药，包括39个进口新药和14个国产新药；2020年上半年NMPA共批准31个新药，其中国产新药14个。这组数据说明一个趋势：中国医药的创新能力越来越强。当然，这与中国医药企业加大研发投入有直接关系，尤其是上市医药企业，2019年以来研发投入出现了大幅激增。未来，这一趋势还将不断增强。

生物医药产业的另一个重大变化是“云人才、云创新”，这次新冠肺炎疫情大大加速了这一趋势。

人才引进的门槛越来越高、成本越来越高，怎么办？我们不一定要在公司里面为每一位人才安排一个岗位，通过“云+端”，可实现柔性引才，打造云医院，开发云药物（数字化处方），利用人工智能进行云研发。

尤其是云医院，高度契合了国家2030健康计划的几个关键词：治未病，慢病管理，大病筛查，分级诊疗。借助“云+端”，将医院前置、后移，开展院前疾病的筛查，及时“治未病”，预防重大疾病发生，或进行院后慢病的长期管理，真正实现以患者为中心，最大化保障患者利益。

“聪必历于声而始辨，明必择于色而始晰，心出思而得之，不思则不得也。”这是船山思想中的“心物之辩”，而我们医药行业从中领悟到“辩中求变”，这是帮助我们获得不竭创新动力的思想源泉之一。

未来，希望衡阳以“船山论坛”为引领，创新文化作为根基，创新政策作为保障，建设现代产业强市，造福衡阳百姓。

导师团总结点评

冯　芳：年轻化、专业化、国际化，是本期论坛的一大亮点，也代表了衡阳企业的未来发展方向。

三位路演企业家“三代”创业、海归创业、专家创业的故事特别动人，他们身上的企业家情怀深深地感染了我们。

针对医疗健康企业发展中遇到的一些困境，我建议，要借助互联网医护平台，以柔性引进人才的方式把高端人才引进来，解决企业用人困境；采用新模式、新技术，嫁接优势的资源，促进养老产业持续健康发展；与上下游企业联合发展，用共赢的方式，实现互补型的产业化融资；拓展海外市场，必须有过硬的产品质量、灵活的文化传播方式，“软硬兼施”扩大海外消费者的接受度。

企业发展有其固有的规律。要遵循发展规律，更加注重内容、服务、管理、品质，优化队伍建设，强化渠道支撑和资源供给，方能实现企业的稳健快速发展。

企业只有专注才能够降低风险，只有专注才能够快速地形成竞争力，只有专注才能实现快速的发展。坚持把一件事情做到极致，努力在“一英寸宽度”上做到“一万公里深”，用心、专注办好企业。

医疗健康产业关乎我们的生命，千万不能抱有侥幸心态，也千万不要去突破政策红线或者底线，更来不得半点的虚假。我们必须要有详细的市场摸底和尽调，有了调研结果以后再进行科学决策。

“船山论坛”是一个高效率的办事平台、专家和企业对话的平台、交流学习的平台。我们导师团因为这个平台而结缘，我们约好两周之内再见面，一起“回家”创业，在衡阳这片土地上落地生根，全心全意为大家服务。

本期小结

中国传统医学里有“上医治未病，中医治欲病，下医治已病”的说法，其意思是，上等医生治还未出现的问题；中等医生治可能出现的问题；下等医生治已经发生的问题。湖南世福医疗科技有限公司是由安越集团在康宁体检中心这一平台上创新孵化的新型医疗项目，是走防病与治病结合的“中医”路子。衡阳华程医院走养老与医疗结合的路子，同样具有中医理念。湖南刘文龙生物医药有限责任公司，更是纯中药的生产企业。专家认为，公司的纯中药要走向海外必先在中国传统文化传播上下功夫。我们认为，专家的观点适用于所有医疗健康事业的创业者，中国修养身心的传统文化是生养大健康事业的大地母亲。

船山论坛（第十六期）

企业的工业互联与产业互联

本期金句

在企业内部生产线打造一个自动化、智能化的应用场景，这是未来工业互联网的发展趋势。

——胡　琨

努力抓住核心客户，扩大业务量和规模，谋求尽快在创业板上市，以获得资本支持、技术支撑、人才支持。

——赵春彦

如何把“存量”也变成目标消费群体是需要思考的方向。

——邱　沣

企业要通过对算法的研发实现自动化标注，同时要不断提升在不同应用场景下的标注准确率，这样才能形成竞争优势。

——田举林

导师团

胡 冬

爱迪实验室创始合伙人，腾讯上海创业基地创始负责人，上海众创空间联盟发起人，深圳创客联盟副理事长，上海交通大学零号湾战略咨询委员及多所名牌大学创新创业导师。

赵春彦

上海交通大学工学学士、安泰经济与管理学院EMBA，管理学博士。芝麻资本管理有限公司CEO，芝麻金融控股有限公司董事长，上海市成本研究会副会长，上海交通大学创业导师，上海交通大学中国企业发展研究院高级研究员。

王军辉

腾讯大湘网总裁，腾讯学院、和君商学院兼职讲师，曾先后服务于华为、三一以及劳瑞德投资等国内外知名企业，擅长新媒体、品牌营销、企业管理、财务、投资等领域。

田举林

上海将邑智能科技有限公司总经理，曾任中创科达、汇顶科技等上市公司研发总监，长期从事芯片、软硬件研发、架构及团队管理等工作。

胡 琨

睿旸信息技术（上海）有限公司总经理，上海交通大学安泰经济与管理学院创业导师，上海市政府采购评审专家。

石　宏

爱迪国际创新中心董事合伙人，创业加速（湖南）实业发展有限公司总经理，上海交通大学湖南校友会副会长，曾任三一集团美国总部市场总监。

邱　沣

上海伯季文化集团董事长，中民华兴有限公司创始合伙人，中国国际经济技术合作促进会理事，G20峰会开幕式多媒体团队成员，江南大学校董会董事，上海市龙岩商会执行会长。

代岩岩

沈阳建筑大学大学生创新创业及发展中心主任，辽宁省优秀创新创业导师库成员，团中央、国际劳工组织KAB创业教育中国项目高级培训师。

夏栋舟

博士，华苋生态科技有限公司创始人、董事长，华苋教育科技有限公司创始人、董事长。长沙理工大学研究生导师，自由投资人，私募股权投资基金合伙人。

企业路演

湖南竣能科技有限公司

徐振华　湖南竣能科技有限公司总经理

公司专注于5G智能终端产品及其配套设施的研发与

制造业务，主要从事各类开关电源、网络通信设备、移动通信智能终端、智能音响及耳机、工控零组件及伺服电机驱动类产品的研发及生产。

导师支招

胡　琨：在企业内部生产线打造一个自动化、智能化的应用场景，这是未来工业互联网的发展趋势。而工业互联、产业互联是衡阳市产业发展的一个重要方向，这类项目非常符合衡阳市的产业定位，未来可以做更多的推广和展示。

石　宏：建议进一步明晰企业在衡阳、湖南乃至全国的市场定位，充分了解行业的竞争格局，努力发展成为市场的主导力量，迅速占领更多的市场份额。

田举林：目前国内从事SMT制造的企业非常多，没有太多技术壁垒，企业要想进一步发展，必须找准自己的竞争优势。竣能科技是一家以先进制造业为主的企业，目前涉及了5G智能终端的研发，要解决和其他专业的5G智能终端研发企业之间的技术壁垒。

赵春彦：建议在生产和研发之间聚焦一点，明确企业的盈利模式，在收入构成和客户组成方面的思路也要更清晰。努力抓住核心客户，扩大业务量和规模，谋求尽快在创业板上市，以获得资本支持、技术支撑、人才支持。

湖南恒信新型建材有限公司

向湘军　湖南恒信新型建材有限公司董事长

公司是集研发、生产、销售、安装于一体的新型环保建材企业，拥有专利74项，其中12项为国家发明专利，是国家林业龙头企业、国家高新技术企业、湖南省新材料企业、国家知识产权优势单位、湖南省小巨人企业，主要业务是以农作物秸秆、竹纤维、木屑等为原料生产绿色环保生物建材。

导师支招

赵春彦：建议企业要在产品营销上加力，打通线上营销新路径。环保建材产品很适合做直播，建议将加工场景内容化，与祝融学院对接尝试直播。同时，要把握好“一带一路”发展机遇，积极开拓海外市场。

代岩岩：目前，公司主营业务是通过经销商渠道面向C端个人客户，建议寻求与B端客户有更多的合作，比如房地产公司或大型企事业单位；现在的产品以内墙墙板为主，建议丰富产品线，开展外墙墙板的研发。在欧美国家，建材类商品有很高的溢价，企业要完善指标体系，针对各个国家和地区获取相应的进出口资质。

王军辉：未来，新型环保建材行业还有很大的增长空间。企业可以通过做数字化赋能经销商，帮他们更好地实现运营和销售。社交电商应该是公司未来的一个重要营销方向，既能巩固现有经销商体系，又能把线上的业务做起来。

夏栋舟：产品在美观、工艺和成本上有优势，但没有绝对优势，如果能在经济指标，如能耗节省方面给出量化结果，让消费者明白用了你的板材后能节省多少电费，产品在市场可能会有更好的反响。建议公司在省住建厅申报节能认证，争取进入地方性标准体系和国家标准体系，打造自己的核心竞争力和品牌影响力，努力成为行业的独角兽。

邱　沣：目前，企业做的是全屋整装定制，大部分是面向新房子的装修，这些需求称之为“增量”，但还有广大的消费群体已经有房子了，如何把“存量”也变成目标消费群体是需要思考的方向。企业还可以通过新媒体的途径，把产品安装便捷、无污染、保温隔热、美观的优点展现出来，增强品牌影响力。

湖南麒麟万象科技有限公司

钟　喜　湖南麒麟万象科技有限公司CEO

公司专注于人机交互、图像识别、语音识别、内容审核、机器人深度学习整体解决方案，为自动驾驶、智能家居、智慧城市、智慧医疗等人工智能领域提供数据标注及采集，是百度、字节跳动、阿里巴巴、科大讯飞、美团、曼孚科技的核心供应商。

导师支招

王军辉：做标注服务这种基础性的工作，符合工业互联网时代的要求。目前，建议企业更加专注于为医疗、金融等专业领域提供AI标注服务，培养细分领域的AI标注人才。

田举林：AI技术的最终目标就是减少劳动力成本，优化资源配置，但是在AI技术的发展过程中，数据的标注反而占用了大量的劳动力和资源，企业要通过对算法的研发实现自动化标注。同时，要不断提升在不同应用场景下的标注准确率，这样才能形成竞争优势。

胡　琨：AI标注的服务核心是把数据的标识精准度做到极致，相比于同行要做到成本更低、准确度更高。等到数据积累到一定程度，方法优化到一定阶段，下一步的发展应该引入一些人工智能的算法，再去做更大的发展规划。

赵春彦：这个行业在5—8年内是有发展空间的，关键是要抓住未来5—8年的窗口期。要努力拿到AI标注服务客户企业的本地独家业务权限，然后培养合伙人，这应该是未来的核心盈利模式。最终，要争取发展成一个区域垄断型的外包企业。

石　宏：企业要明确自己的成本结构和盈利模式，制订稳健的融资计划。

代岩岩：建议把公司的多人在线协同工作系统应用到教育、办公、会议等场景中去，从而衍生出适应不同行业需求的互联网服务产品。

夏栋舟：企业的技术可以领先一大步，但市场不能领先太多，不一定要快速地去人工化。从宏观的角度来讲，这个行业本身是高效能的行业，大量的去人工化，会导致社会失业率提升，劳动力可能又会转移到一个低效能的行业，从而给国家增加负担。

导师分享

王军辉：2020年关于数字营销的几点思考

今年疫情期间，在广告营销行业，许多人转到另一个赛道——直播带货。

当前，直播带货创造了很多经典的案例。从营销力度上讲，我们可以将直播打造成一个超级链接器。

超级链接主要包括四个方面：品牌战略定位的链接，在新媒体时代背景下，广告的首要作用是让大家记住；交易转化的链接，其体现得最显性的是电商；私人用户的链接，比较大型的公司通常会自己做内容和传播，通过平台运营的方法，反向让客户变现；创新企业的链接，比如利用企业微信、小程序、抖音等产品工具，能让用户使用更方便、更快捷，也让企业有更多的触点，即利益产生链接。

在打造超级链接的过程中，永远不要忽略品牌价值和用户，无论走线上渠道还是线下渠道，直播营销是个战略性的选择，对产品体系和组织架构都有非常大的影响。

田举林：人工智能技术在行业中的应用

人工智能作为新一轮产业变革的核心驱动力，将催生新的技术、产品、产业、业态、模式，从而引发经济结构的重大变革，实现社会生产力的整体提升。预计到2025年，全球人工智能应用市场规模总值将达到1 270亿美元，人工智能将是众多智能产业发展的突破点。

人工智能产业链主要包括基础层的软硬件、技术层的算法和智能技术、应用层的产品服务和解决方案。其中，基础层面为数据的收集、理解、处理，主要有AI芯片、传感器、云计算等产品；技术层面为特征提取及模型的构建、评估、训练，主要有计算机视觉、自然语言处理、语音识别、机器学习等四类核心技术；应用层面即模型的应用，主要分为智慧城市、智慧生产、智慧生活三大类应用场景。

人工智能技术之所以智能，是因为具有自我学习的功能，这也是人工智能最关键的一点。比如手表采用人工智能后，可以针对不同人的身高、体重进行数据调整。人随时在运动，智能手表在数据采集过程中不停地进行自我学习，变换基准，以实现数据的精准性。

目前，人工智能技术已经深入各个行业的应用场景，比如金融行业，涉及智能支付、智能风控、量化投资、保险科技等；大健康行业，涉及智能影像诊疗、药物挖掘、健康管理、医学数据挖掘、导诊机器人等；安防行业，涉及智能摄像机、人像识别、车辆大数据、虹膜识别、人脸闸机等；工业制造行业，涉及AI芯片、视觉检测、预防性维修、生产优化、机器人视觉等。

导师团总结点评

胡　冬：今年的疫情是一个关键的节点，有危必有机，危机便是转机。面对可能发生的行业洗牌，企业应该如何把握机遇，逆势上扬呢？

要把握工业化和信息化的融合机遇。疫情期间在线办公、在线教育异军突起，互联网板块的打造显得尤为重要。企业家要主动地接触互联网，利用互联网，整合互联网。网络化是一个格局的问题。打造衡山派，文化和格局很重要。在外读大学、打工回来的企业家，不能只用衡阳资源，也要把外地资源利用起来。

要把握人工智能化和资产证券化机遇。利用人工智能可以做扶贫、产证融合，帮政府解决就业。另一个趋势，恰好是衡阳企业特别缺乏的证券化。企业家要正确评估企业价值、利润、资产，把握好企业融资结构等。

此外，企业家要借助“船山论坛”这个平台，加速数字化转型，善用信息化工具，开展敏捷营销，快速判断产品、品牌、营销模式。

本期小结

产品全周期成本是指从设计到生产、消费以及维护回收全过程的成本，在产品功能不下降的情况下节约成本就是创造价值。企业的竞争力就是价值创造力。专家指出：湖南恒信新型建材有限公司的产品在美观、工艺和成本上有优势，如果能在经济指标，如能耗节省方面给出量化结果，让消费者明白用了你的板材后能节省多少电费，产品就会在市场上有更好的反响；湖南麒麟万象科技有限公司相比于同行要做到成本更低、准确度更高；湖南竣能科技有限公司以工业互联网理念打造的智能制造系统平台，各工艺路线大数据集成，实现系统化、数字化、信息化、可视化，实现产品的高质量——质量就是节约用户成本。专家还建议：企业的数据积累到一定程度，方法优化到一定阶段，下一步的发展应该是引入人工智能，实现人工节约、能耗节约、物料节约。

船山论坛（第十七期）

人工智能时代物流企业的发展

本期金句

要依托前沿尖端技术，加快建设一个统一的物流信息化系统，提高物流效率，降低物流成本。

——李建军

应加强同各类五百强企业、央企长远合作，把市场的创造力和政府的支撑相结合，为企业盈利带来更好保障。

——胡　昊

高度重视数据安全，依托大数据分析，推动企业高效、稳定、安全运营。

——秦树春

全面对接互联网，提供适应区域特点的物流服务，打好“最后一公里”这张牌。

——陈　宁

要深入思考企业在站点布局、信息平台建设等方面的短板，突破发展瓶颈，积极寻找新的增长点。

——谭 啸

导师团

胡 昊

上海交通大学党委常委、党委宣传部部长、工程管理研究所所长。上海交通大学船舶海洋与建筑工程学院教授、博士生导师，英国土木工程师学会（ICE）Fellow、特许工程师。担任教育部交通运输教指委水路运输与工程分委员会委员、中国航海学会常务理事、上海市楼宇科技研究会副理事长、上海市绿色建筑协会副理事长。

陈 宁

深圳云天励飞技术有限公司董事长兼CEO，第十六届“广东青年五四奖章”获得者，佐治亚理工学院电子工程博士，中国第一款商用矢量处理器芯片设计者。曾任美国飞思卡尔半导体高级架构师、4G-LTE国际标准首席代表。拥有近30项已授权国际专利（其中13项被苹果公司收购）。曾担任7个IEEE国际会议技术委员会委员。

李建军

湖南响当当物流科技有限公司董事长，益阳市物流与采购联合会秘书长，新疆建设兵团支边干部，从事物流行业20余年。

谭　啸

京东智联云湖南总经理，湖南省中药材产业链产业发展专家，湖南省中小企业应急服务平台总策划，湖南省中小企业技术创新平台特邀专家。

王建红

湖南安恒信息技术有限公司董事、总经理，毕业于国防科技大学计算机信息管理专业，法国布雷斯特商学院金融硕士在读。

秦树春

湖南安恒信息技术有限公司董事、副总经理，毕业于重庆邮电学院，湖南大学软件工程硕士。

李洪明

上海交通大学工学学士，安泰经济与管理学院EMBA。现任上海庆芮资本管理合伙人，曾任上海张江高科技园区火炬创业投资负责人，盛大资本合伙人。

企业路演

湖南省衡缘物流有限公司

何秋生　湖南衡缘集团董事长

公司成立于2010年，是一家专业经营物流园区开发与运营的国家5A级物流企业，系湖南省首家拥有自有产权专用铁路的民营物流产业园，主营公路物流、铁路物流、冷链物流以及商贸物流等物流相关业务。

导师支招

李建军：要依托前沿尖端技术，加快建设一个统一的物流信息化系统，提高物流效率，降低物流成本。为解决城乡之间物流不畅、经营品牌分散、成本居高不下的问题，建议公司与城乡公交开展合作，推动实现城乡物流配送"公交化"。

王建红：加快应用云计算、大数据、区块链技术，加快向互联网模式转型，向智慧物流转型，升级发展。同时，要加强网络管理，确保物流信息安全。

李洪明：智慧物流正成为物流行业的发展趋势，物流企业要努力做好运力错配，尽量减少空载，这样才能更多地获得收益。充沛的资金，对物流企业的发展至关重要，建议从供应链金融这一块着手，通过企业的经营融资，打造良好的行业生态，引领物流企业共同发展。

胡　昊：打通物流配送"最后一公里"，是本土物流企业的一大优势。建议将企业业务扩展到县、乡镇、村，与当地供销社、城乡公交合作，一方面完善了物流配送网络，另一方面也能增加企业资产和业务量。应加强同各类500强企业、央企长远合作，把市场的创造力和政府的支撑相结合，为企业盈利带来更好保障。

衡阳市雁城物流园有限公司

王 桑 衡阳市雁城物流园有限公司执行董事兼董事长助理

公司是国家“十二五”规划中的“重点物流园区”，是国家“示范性物流园区”、国家“公路枢纽节点性物流基地”、全国229家“无车承运人”（湖南省仅10家）之一、国家物流与采购联合会会员单位，并于2013年在同行业中率先通过ISO9001:2008质量体系认证。

导师支招

秦树春：在国家大力推进5G建设的背景下，企业要考虑如何利用5G网络高速度、大容量、低延时的特点推动智慧物流建设。同时，高度重视数据安全，依托大数据分析，推动企业高效、稳定、安全运营。

陈 宁：物流园区是重资产的经营模式，建议全面对接互联网，提供适应区域特点的物流服务，打好“最后一公里”这张牌。利用人工智能技术，为客户提供更加智能化的服务，打好“用户体验”这张牌。要更加充分地对接资本，做好物流金融，挖掘企业发展潜力。

李建军：在如今的经济发展大背景下，想把物流做好必须有一个完善的物流园运营、管理、服务体系，需要进行模式上的创新，加快推进规模化、网格化布局，推进产业融合发展。

李洪明：做好“无车承运人”业务最重要的是精细化管理，建议借鉴长三角和珠三角地区物流行业在信息化建设方面的成功经验，不断提升精细化管理水平。重资产模式不太受资本市场欢迎，努力争取政府扶持和银行金融支持，或许是更为现实的选择。

胡　昊：国际物流货运代理业务比较集中在一线城市，但在衡阳是有缺口和需求的，未来可以通过与一线城市物流企业合作的方式来拓展国际业务。大件超限货物运输业务附加值高，本地企业也有旺盛的需求，两者之间有很高的契合度，可以进一步加强合作、融合发展。需要特别注意的是，物流企业想要加速转型、升级发展，人才特别重要，未来必须加强人才的培养和储备。

湖南红光物流有限公司

王　剑　湖南红光物流有限公司副总经理

公司是衡阳市唯一一家拥有内陆铁路口岸和铁路专用线的综合型民营物流企业，业务范围主要包括：铁路运输、公路运输、公铁水多式联运、铁路集装箱站场管理、仓储管理、生产配送、通关报关、检验检疫、物流金融、供应链一体化服务（物流贸易）等。2019年，公司实现集装箱吞吐量27 000标箱，居广铁集团湖南地区集装箱吞吐量首位；货物总吞吐量约270万吨，规模和效益位列全市前三名。

导师支招

谭　啸：红光物流有很好的区位优势和发展空间，建议寻求与衡阳其他产业更深度的融合机会，帮助制造业企业减少时间成本和物流成本；加强区域联动，积极参与承接大湾区产业转移工作；帮助政府推动产业落地，加强盐、铁、矿等大宗商品的服务深度和产业黏合度。要深入思考企业在站点布局、信息平台建设等方面的短板，突破发展瓶颈，在电商物流、冷链物流等小宗商品领域探索更多区域合作机遇，积极寻找新的增长点。

陈　宁：建议多考虑如何通过互联网突破客户群的限制，更好地立足本土、服务全国，不断扩大企业规模和业务量。探索与国有资本合作，参与铁路、专用口岸等交通运输基础设施的建设，打造更优质的物流服务平台。

李建军：红光物流利用自身铁路运输的优势，有能力把海铁联运做好，形成高效、便捷的物流转运体系。中欧班列是衡阳物流行业重要的发展方向，可以把新疆作为桥头堡，积极开拓海外市场，发展陆港型特色枢纽经济。要做好合同性物流和即时性物流协同发展，实现常态化、一体化发展。

导师分享

陈宁：人工智能赋能新时代

在过去大约200年的时间里，我们人类社会的变化超过了过去100万年的变化速度。下一步，我们将往哪里走？

有专家预测，2020年到2030年，人类将迎来第四次工业革命的开局，人类将由弱人工智能时代进入强人工智能时代。这十年，将是人类科技、经济、社会关系变革的关键十年，我们要经历从互联网到移动互联网，再到智能互联网的时代转变。

智能互联网时代的标志性产品是智能终端。预计到2030年，人类将拥有1万亿个智能终端，不仅局限在智能手机，还可以是无人驾驶的汽车、植入人体的芯片，汇聚了海量数据和智慧功能的“城市大脑”，将实现家庭智慧化。

集成电路、5G、人工智能是推动我们进入第四次工业革命的三项核心技术。当前，全球科技巨头纷纷抢滩人工智能。为抢占人工智能制高点，中国大力推进“新基建”，正着力推进居民数字化生活、企业数字化经营、社区和城市治理数字化的“新四化”。

导师团总结点评

胡　昊：物流的概念于20世纪30年代在美国出现，从形式上来讲，是物体从供应地到接收地的流动。物流中最重要的环节是运输，另外还有配送、包装、装卸等环节。

物流成本是衡量经济竞争力的重要因素。现在国家非常重视物流，出台了很多支持物流行业的政策，如支持无水港项目的开发建设等。

当前物流业的发展理念中有一些重要的关键词。第一个关键词是供应链管理。物流在早期叫配送，后来叫物流，现在进入了供应链的管理体系。第二个关键词是技术创新。物流行业的发展中有很多新的技术，如在仓储方面现在有智能仓库，而集装箱运输在物流空间也曾是一个颠覆性的技术，改变了整个物流发展的格局。第三个关键词是业务模式创新。供应链物流、智慧物流是未来物流业务模式创新的代表性方向。

今天参加路演的三家物流企业是非常有实力、有活力、有潜力的物流企业，相信它们能够紧紧把握物流业发展趋势，不断发展壮大；相信在衡阳市委、市政府的高度重视下，物流产业将步入发展快车道，能为现代产业强市建设提供更强有力的支撑。

本期小结

物流成本高是三线城市经济的劣势，衡阳要打造省域副中心城市，就必须进一步提升物流服务水平、大幅度降低物流成本，这是衡阳物流企业的商机和使命。专家对三家衡阳名列前茅的物流企业提出了很多完善业务与经营的思路，我们且将其概括为“物流四化”：第一，智慧化，运用5G时代数字技术人工智能实现货无闲置、车不空转、路不搞错；第二，专业化，即发展物流中介以及供应链管理等专业服务；第三，共享共建共荣的平台化，物流企业之间要在合作中实现竞争性互补；第四，国际化，对内加强区域联动，积极对接大湾区产业、珠江三角洲物流，对外用好陆港经济、中欧专列等机会。

船山论坛（第十八期）

食品行业要满足各类细分客户的需求

本期金句

“三黑”食品的健康性大多数人比较认可，如果要把单价提高一些，或者品牌再拉高一下，还要想一些创新点。把能够拉起来的特色再包装一下，是可以把单价做得更高、品牌溢价率做得更好的。

——尹司媛

市场的速度和规模很重要，并不是稳扎稳打就可以一直做下去的，也许有一天就会有有规模的竞争对手来PK，到时候面临的不是赚不赚钱的问题，而是生和死的问题。所以，在但凡有可能的前提条件下，可以走得更快一点。投资人看的是未来。你怎么抓住投资人的眼球，让他助力你去更快地占领市场，这个是最核心的问题。

——许　欣

跟资本合作需要展示企业的优势和价值。当到达一个量级以后，紧接着非常重要的就是运营。把现有的技术内化到企业的内部管理。把整个产业链尽可能在纵向和横向上都打通，做一个生态群，这样就可以有更多的应用场景。

——阚　凯

有些资本会更关注流量，因为有载体就势必会有流量产生，当看到的是正常的企业、符合商业价值、可以自我造血、能带来更大价值的时候，就需要你有更多维度的消费场景。要想创立一个品牌，把这个企业做大，肯定要有量。

——杨彦奎

导师团

许　欣

上海锘程信息科技有限公司董事长兼CEO。曾任IBM中国全球科技服务部华东区服务总监、上海安畅网络科技股份有限公司副总裁。毕业于上海交通大学机械与动力工程学院，安泰经济与管理学院MBA。

阚　凯

南京永昌揭谛餐饮管理有限公司总经理，南京朗宁餐饮管理有限公司总经理，重庆思合一实业有限公司总经理，毕业于上海大学机械工程学院。

杨彦奎

四川唐元智能科技有限公司副总经理，成都银光软件有限公司联合创始人，南京莱斯信息技术股份有限公司咨询顾问。曾任深圳天源迪科信息技术股份有限公司咨询总监，成都四方伟业软件股份有限公司产品总监。毕业于华东师范大学电子工程系，高级项目管理师，获成都市科技进步奖。

尹司媛

上海交通大学经管硕士，孝安投资管理公司合伙人，集沙成塔科技董事长，专注于产业规划、招商运营及智慧城市领域研究。

企业路演

衡阳市清辉食品有限公司

丁枭潇 衡阳市清辉食品有限公司总经理

丁记酱菜创始人为民国年间长沙的古法制酱大匠，后因抗战定居雁城，其后人于20世纪80年代延续古技创立品牌。2017年第三代传人丁枭潇重组小作坊，公司成立当年一期投资落地衡南县云集工业园。作为创业企业，公司销售额三年间完成了近十倍增长，已达1 500余万元，现有员工57人。2018年挂牌湖南省农业大学食品科学院研习基地，2018—2019年衡阳市创新创业示范基地。公司主营的古法酱菜、素菜休闲零食及方便食品调味包等产品已覆盖湖南省及周边五个省区，主要运营方式为商超卖场、零食系统销售及OEM。另外，公司生产的配食酱菜及酱制调味品已供应衡阳市各大院校、职工食堂及餐厅连锁，2019年该类市场占比已超58%。2020年公司开始二期工程，引进四条年产值500万元的自动化生产线，打造无菌低温蔬菜加工车间，结合农业需求开始地方产业化试点，将农田、农民、农作物与企业命运相结合，让企业的收益服务于乡村。

导师支招

阚　凯：做休闲食品一定要争取走向全国，所以需要经常思考，做全国市场会遇到哪些障碍。做企业首先要有使命感，怎么把古法酱菜再结合，先是做大企业，做大才能更好地服务社会。

杨彦奎：产品不错但价格低，利润不高，这是基本收入，可以保证团队的运营。配方可以稍做调整以适应不同地区的口味需求。做价格的同时，还是要有自己的研发，将来如何做得更好，更适合全国性的需求。酱菜只是做菜的基本原材料，如何用酱菜搭配别的食材，可以研发一些菜往食品加工产业或者饭店去推广。干净菜品是现在发展的趋势，国家正在做中央配送，可以纳入你的板块，抓住To B的销路，就可以带动很多的用户去定点生产这些产品，这也是大的发展趋势。

朱　健：如果能进入电商，而且成为中央厨房，包括成为配餐企业的必备食材，对销售应该有很大的推动，这应该也是个大的趋势和方向。做食品市场肯定是面向全国的，无论是To B或是终端消费者，第一感觉就是口感，第二是包装，第三是价格差异，第四是营养。你要进行排序，口感可能是第一个问题，口感问题得根据不同区域再去调。包装文创也不能少，在这些基础上再考虑价格和营养。要打破固有销售渠道，善于应用直播创新营销模式，讲好品牌故事，打造爆款产品。

衡阳市君玲传统食品科技发展有限责任公司

张　林　衡阳市君玲传统食品科技发展有限责任公司总经理

公司创立于1998年，迄今已有二十多年发展历史，是一家集传统食品研发、生产、销售于一体的食品企业。通过这些年来的不断开拓创新，公司一年一个新台阶，现已成为衡阳市大型传统食品生产、加工、配送中心。在石鼓区角山镇和平村拥有上万平方米的花园式厂房，在衡阳城区有3家直营旗舰门店，节庆时段员工超百人，固定资产达3 000多万元，2019年销售额2 000多万元。公司出品的君玲牌元宵、粽子、月饼（广式月饼、茶油酥薄月饼、生油月饼）、妈麻糖、草鱼丸、手工面、水饺、糍粑、烧饼、绿豆饼、奶油酥、曲奇等传统食品深受广大消费者的喜爱。

2020年3月公司投资发起的“石鼓区角山镇400亩精品农业种植示范园暨君玲食品芝麻种植基地”动工兴建，芝麻种植基地是君玲食品进行农业一、二、三产业融合发展进程中的必要产物和尝试，积极推进“公司+合作社+基地+农户”的经营模式，通过打造“一村一品”、产业兴村和带动乡亲致富奔小康，实现君玲食品的产业转型升级和规模化、集团化发展。

公司自成立以来，受到各级主管部门和上级领导的关心和支持，先后荣获“全国质量信得过产品”“中华绿色小吃名店”“湖南省著名商标”“衡阳市农业产业化龙头企业”“衡阳市优秀民营企业”“衡阳市食品卫生等级A级单位”“最衡阳十大美食”“衡阳市第五、七、八届农博会金奖”等荣誉称号。中央电视台《品牌力量》《千城百味》《美食中国》等栏目分别对公司及产品进行了专题采访报道，湖南经视《搜食记》栏目及衡阳本埠媒体也对公司进行了数十次的采访报道。

导师支招

许　欣：自身的品牌宣传在当地肯定要加强巩固，保持住我们先天的优势。企业各个品类的食品都是传统食品，传统三宝对于品牌的时机和创新性是有缺失的。最后还有一点，品牌是要走出去的。

尹司媛：“三黑”食品的健康性大多数人比较认可，如果要把单价提高一些，或者品牌再拉高一下，还要想一些创新点，比如像女性消费者很容易被产品的营销吸引过去。把能够拉起来的特色再包装一下，是可以把单价做得更高、品牌溢价率做得更好的。

杨彦奎：现在销售就是线上和线下两个大的方向，线下在类似连锁超市中销量会增加不少。只要找到那些成熟的销售团队，包括线上销售也是一样的，把你们的量做上去，有了量才能够更好地发展。君玲的差异化优势，与其他本地的产品相比，怎么体现出来？客户细分要准确，比如说年轻时尚人群的需求是什么，中老年人群的需求在哪里？要针对自己的产品为消费者设计场景。

阚　凯：用科技去再造传统，但科技的成分还不是特别大，这个与现在企业发展的实际情况，与当前能够帮助到企业的科技会有一定的关系。员工存在一定的瓶颈，尤其是在技术人才和营销人才上，从业人员的老龄化还是比较严重，尝试着用科技去改变你现在劳动力不足，或者说产品不标准等方面的问题。食品安全是底线，要更多尝试用科学的手段去守住底线。除了在生产监管上的要求之外，怎么把这些展现给消费者看，这本身也是品牌宣传的内容。衡阳也好，整个湖南也好，是一个文化底蕴非常深厚的地方，文化和产品之间究竟是怎样的关系？要把不同的休闲食品，农副产品的、传统食品的产品线去做更加清晰的区分定位，尝试着往年轻化的方向走。

朱 健：第一是企业要走集团化的方向是很好的，很多企业完全可以把信息化部门、文创部门单独剥离出来，在整个内部打造，促进内循环。第二是跟礼品市场结合，礼品定制市场蛮大的。第三是和街区经济结合，进入街头巷尾。第四是和资金用户结合起来，充分开发，重点打造直播能力，或者租下来特殊的展示窗口做展示。第五是跟衡阳的发展模式结合，等做到一定程度，可以再跟旅游做衔接，在五个结合的基础上再送你一句广告语，“君玲，让天下分享衡阳味”。“君玲”后面的“让”字做得小一点，突出“君玲天下”和“分享衡阳味”。

湖南王和文餐饮管理有限公司

蔡 文 湖南王和文餐饮管理有限公司总经理

公司是一家休闲餐饮连锁企业，创办于2017年，注册地在高新区。公司主要经营范围包括：餐饮品牌包装策划、餐饮产品研发、平面视觉设计、商业施工设计、品牌运营等综合餐饮运营服务，旗下拥有1个连锁研发总部、

13家直营门店，覆盖最具核心竞争力的优质商圈。目前已孵化出小确幸の茶TEA&COFFEE、小确幸GARDEN等本土网红茶饮品牌。以“唤醒、默契、自我主张”为核心价值，主打新鲜水果茶、现磨咖啡、绿色沙拉、意大利面、手工比萨和各式小食，为都市人群带来绿色优质的生活体验，引领“年轻、高端、精致”的生活方式。目前，旗下经营的品牌门店受到上百万年轻客群的青睐与喜爱。

导师支招

许　欣：第一个关于员工的问题，对小工依赖度比较高的行业，在未来的几年内问题会更加的突出，随着90后和00后踏上社会，他们会更有个性、更有自己的想法，就会迫使你在管理方式和管理模式上作出改变。可以适当地考虑一下门店级别的合伙制。现在占领市场的速度和规模很重要，并不是稳扎稳打就可以一直做下去的，也许有一天就会有有规模的竞争对手来PK，到时候面临的不是赚不赚钱的问题，而是生和死的问题。所以，在但凡有可能的前提条件下，可以走得更快一点。投资人看的是未来，你怎么抓住投资人的眼球，让他助力你去更快地占领市场，这个是最核心的问题。

阚　凯：跟资本合作需要展示企业的优势和价值。像你这样的企业，对网点的覆盖要求非常高，所以肯定以最快的速度去占领网点。当到达一个量级以后，紧接着非常重要的就是运营，对于整个经营模式而言，最好的应该是标准化管理模式。信息化时代还需要高效，把现有的技术内化到企业的内部管理。把整个产业链尽可能在纵向和横向上都打通，做一个生态群，这样就可以有更多的应用场景。

杨彦奎：有些资本还比较时尚，会更关注流量，因为有载体就势必会有流量产生，这类资本是看互联网的模式，当看到的是企业正常经营、符合商业价值、可以自我造血、能带来更大价值的时候，你其实就给了类似的相关投资者或者合伙人以想象空间，不仅仅是因为你的茶好喝，而且在某种程度上是因为你有更多维度的消费场景。要想创立一个品牌，把这个企业做大，肯定要有量。

导师团总结点评

许 欣：我想用三个“业”来总结：

第一个“行业”，今天来的三位企业家应该算是同一个行业的，都是和食品或者和餐饮相关的行业。食品行业和餐饮行业是需要一定的情怀去做的。在这个过程当中，很多的辛酸苦辣只有他们自己知道，这一行不像其他的高科技行业，或者建筑行业、房地产行业，光鲜亮丽，他们更多是在默默地耕耘。当然倒过来讲，食品行业和餐饮行业本身也是高监管，有底线的行业，换句话说这个行业也是有隐患的。建议行业从业者一定要去坚持产品标准，去坚持做产品的研发，因为这些才是企业发展壮大的过程中，能够持之以恒的，能够最终让你的企业区别于其他企业的地方。

第二个“产业”，希望大家在做产业的过程中还要重视管理，做的时候怎么精细化地去做，用什么样的工具去做，用什么样的标准去做，还是很有讲究的。这些管理方法和管理手段，才会成为本土创业企业和跨国公司或者500强企业之间的差距，如果有朝一日企业发展壮大，百年企业往下一代去传承的时候，这些才是精髓。在产业集聚的过程中，互相之间怎么赋能，互相之间怎么进行交互，这个可能能够为衡阳企业走出衡阳起到很实际的作用。

第三个“创业”，创业主要在一个创字上。创业当中第一是创新，这种创新就表现在我们三家企业的这些产品上；第二个是创造，现在很多的商业模式、营销模式，都是希望快速地占领市场，怎么去创造符合本土特色、本地特色、本企业特色的商业模式，会成为整个企业发展过程当中非常重要的环节；第三个是创品牌，衡阳的企业有一个很大的优势，本身这是一个历史悠久的地方，很多企业都和当地特色文化品牌做了很多融合，这本身就是很好的概念，如何把它用于企业品牌的创意，并且让这个品牌赋能于产品，让产品和其他的竞争对手形成差异。这三个“创”也反映了现在创业过程和以前不一样的地方。

我今天就用这三个“业”来作为导师团给三位企业家的寄语，最后希望“船山论坛”乘风破浪，希望三位企业家在创业的过程中持之以恒，希望衡阳的经济发展骄阳似火。

本期小结

本期三家企业都涉及餐饮“进口”业务，民以食为天，饮食的信誉基础是安全放心的品质。但是，要拓宽饮食天地、开辟新市场，就必须满足各类细分客户需求，实行差异化战略，同时，在生产上体现范围经济、大规模定制的效益性。所以专家说：饮食安全是底线，要更多尝试用科学的手段去守住底线；并且，对专攻传统产品的衡阳市君玲传统食品科技发展有限责任公司的建议是：尝试着往年轻化的方向去走；对做酱菜起家的衡阳市清辉食品有限公司的建议是：配方稍微做调整以适应不同地区的口味需求；对湖南王和文餐饮管理有限公司的建议是：做出更多维度的消费场景，而不仅仅是让你的茶好喝。

船山论坛（第十九期）

实现企业多路径发展

本期金句

企业要加大产学研投入，搭建企业与高校的沟通桥梁。要做好人才和企业品牌的培养，聚焦高利润的优势产品，将其做深做透，提高企业核心竞争力。要招募营销人才，完善团队结构，做好产品和企业宣传，提升企业知名度。可以与传统媒体合作，发挥自身特色，进行优势互补，进一步探索业态上下游商业模式的延伸发展。要走出区域，对接全国自媒体，扩大企业影响力。

——李定真

明确商业模式中“谁付钱”的核心点，技术要聚焦到“小而美”的场景，摊子不宜过大。

——朱　磊

企业商业模式要具体清晰，然后进行产品取证，明确自己解决了哪些用户痛点。

——万　如

要想尽办法“留人才”，要从人才成长发展的角度考虑如何留住他们。

——涂乔升

对于客户而言，“痛点是什么”？客户测算后的降本增效所涵盖的范围有多大？要考虑盈利模式是否恰当，平台的核心目标是把需求方和供给方做到高匹配，但平台存在空间和时间的动态不平衡性，平台的规模决定收入规模和抽佣的多少。

——陈　新

导师团

李定真

滨江星传媒董事长，高级工商管理硕士，中欧商学院CMO俱乐部副会长，上海市青年文学艺术联合会副会长，中国青年企业家协会理事，中国广告协会户外分会副会长。

朱　磊

蘑菇车联董事长兼CEO，南京大学大数据实验室主任。毕业于上海交通大学、清华大学。历任百度垂直搜索技术委员会主席、滴滴出行副总裁、易车CTO。

陈新机

浙江工业大学学士，清华大学硕士，中国电子视像行业协会副会长，中国风险投资有限公司浙江省分公司总经理。

涂乔升

上海事途科技（集团）有限公司董事长，启诚资本合伙人，七星创业投资管理有限公司联合创办人。2019年入选福布斯中国30岁以下精英榜（U30）。

邓志伟

清华大学汽车工程学士及硕士，蘑菇车联副总裁、蘑菇OS部总经理。

马文琳

蘑菇车联副总裁、智慧交通部总经理。历任百度产品专家、滴滴产品运营总监，拥有十余年互联网工作经验。

万　如

蘑菇车联副总裁、人力资源部总经理。拥有十余年互联网工作经验。

陈　新

上海交通大学EMBA，深兰科技董事长助理兼国际事业部、AI科创中心总经理，曾任中新社《中国新闻周刊》日文版执行总编、香港卫视上海记者站副站长、中国文化产业发展集团华东区总经理。

汪　頔

复旦大学新闻传播学博士后，注册会计师，宏鼎投资管理有限公司董事、总经理。

赵国成

上海交通大学学生科学技术协会主席，上海交通大学船舶海洋与建筑工程学院博士在读，湖南省怀化市科技特聘顾问，全国大学生践行社会主义核心价值观先进个人，第十三届“中国大学生年度人物提名奖”。

企业路演

衡阳市网大物联科技有限公司

周永辉　衡阳市网大物联科技有限公司创始人、董事长

公司创办于2014年，坐落于衡阳市高新技术开发区，是一家专注于智能建筑、智慧社区、智能家居服务平台研发及整体解决方案服务的提供商。

公司依托物联网、移动互联网、云计算大数据等新一代信息技术打造的“那生活”智慧社区平台，旨在为社区居民提供一个安全、舒适、便利、智能的现代化社区生活方式。

智慧社区建设设备互联是基础、数据共享是核心、服务运营是关键。公司自主研发了智慧社区综合信息平台，并创造性地提出了“本地服务　服务本地”的服务理念。

导师支招

朱　健：衡阳市网大物联科技有限公司可通过“万雁

入衡”计划招募所需人才。围绕智慧社区立足湖南做到“小而极致”，可以选择有较强实力的物业企业进行合作，也可以争当头部企业落地的生态合作伙伴。下阶段要固化盈利模式，以稳定的盈利模式吸引资本进入，解决融资难题。

李定真：企业要加大产学研投入，搭建企业与高校的沟通桥梁。要做好人才和企业品牌的培养，聚焦高利润的优势产品，将其做深做透，提高企业核心竞争力。要招募营销人才，完善团队结构，做好产品和企业宣传，提升企业知名度。可以与传统媒体合作，发挥自身特色，进行优势互补，进一步探索业态上下游商业模式的延伸发展。要走出区域，对接全国自媒体，扩大企业影响力。

朱　磊：首先要明确商业模式中“谁付钱”这个核心点，目前企业发展重心更应偏向市场开拓，技术要聚焦到“小而美”的场景，一开始摊子铺得大，研发成本高，在整个市场的运营上面就会出现问题。

万　如：企业商业模式要具体清晰，然后进行产品取证，明确自己解决了哪些用户痛点。

涂乔升：要想尽办法“留人才”，要从人才成长发展的角度考虑如何留住他们。路演时要尽量展示企业的“独特之处”，多抓实际需求，即便是很小的细节，也可以延伸出很多企业技术。

湖南省蓝鹰科技有限公司

张宗彦　湖南省蓝鹰科技有限公司董事长

公司成立于2018年1月，注册资本6 000万元，2019

年被评为衡阳市农业产业化龙头企业，规模以上服务业企业，目前主营全程农事服务和数字农业建设研发，是湘南地区唯一具备从育秧翻耕到收割、仓储、销售一条龙全程农事服务的企业。

项目主要分为硬件和软件两个方面的生态系统搭建，组成了数字农业机械化物联网体系。

硬件方面开发了农机智能终端，集成了北斗/GPS导航技术、单片机技术、物联网技术、云服务器技术，能够实时对设备的状态参数、历史数据、维护计划、故障报告、作业记录、打药种类和用量等各类信息进行采集，并通过GPRS技术回传到云端服务器。可以帮助传统农机设备、新型植保无人机等完成信息化的改造升级。

软件生态包含了农机大数据平台和农事服务平台两个方面。农机大数据平台是将所有农机智能终端所回传的数据进行收集、整理、分析，农事服务平台是将所有农机智能终端进行网络互联并有针对性地跨区域调度作业。

导师支招

朱　健：市科技局和金融机构要主动做好蓝鹰科技的相关服务工作，帮助企业申报省级创新平台，提供周到的融资服务，助力企业健康快速成长。

马文琳：找准企业真正的价值所在，可以与农机生产商合作，对每台农机搭载信息平台直接进行销售，从而加大推广力度，打开一个全国性的平台。

邓志伟：可以把军转民技术与企业进行融合，提高产品稳定性和耐用性，有效降低成本。利用监控了解现场信息，提前预测存储量等问题。

陈新机：如何把市场利润做大是核心问题，产品的用处不仅仅体现在提升农业管理的效率上，还可以让消费者直接看到整个管控过程，这样价格就可以提上去。

汪 頔： 企业对于团队的要求很高，既要有懂农业的，又要有懂机械的，还要有懂研发、懂大数据、懂市场推广的，企业的后续发展在人才这个层面上会出现瓶颈，可以考虑多结合上下游，进行跨产业合作。

陈 新： 对于客户而言，“痛点是什么”？客户测算后的降本增效所涵盖的范围有多大？要考虑盈利模式是否恰当，平台的核心目标是把需求方和供给方做到高匹配，但平台存在空间和时间的动态不平衡性，平台的规模决定收入规模和抽佣的多少。

衡阳市羽未文化传播有限公司

张羽洁　衡阳市羽未文化传播有限公司董事长

公司成立于2018年12月，是一家自媒体公司，服务项目主要涵盖广告推广、品牌宣传、微信公众号代运营、小程序运营、直播带货、创意视频、活动策划、互联网营销策划、视频拍摄及制作等一站式推广解决方案等。

公司自媒体矩阵包括微信公众号、抖音、小红书、微博、微视、今日头条、哔哩哔哩等，全网粉丝10万+，主要服务衡阳本地吃喝玩乐的商家，通过互联网弘扬衡阳本土文化。

导师支招

朱 健： 衡阳整个新媒体行业很快会迎来春天！要

进一步提升自己的文化和创意能力，结合衡阳市民广泛关注的热点进行创作，要发挥自身的网络影响力，增强吸粉能力。可融入祝融学院主导的网络直播平台，拓展合作业务，提升盈利能力。

汪　頔：企业要在做好内容的同时，优化运营推广模式，进一步扩充粉丝体量；除此之外，还可以尝试将衡阳饮食文化融入自媒体作品，打造成为核心亮点，在提升品牌层次和辨识度的同时，展示衡阳文化。

导师团总结点评

李定真：对网大物联的建议：通过大数据分析决定留在衡阳，是一种情怀的体现。产学研的投入，建立了与学校和学生之间的关系，这样的关系投资，对人才收获和品牌培养是有价值的。商业模式的提炼非常重要，要找到一个替代不了同时又最赚钱的产品或者服务去做透，这样无论外界风云变幻，对企业的影响都不大。团队互补性的问题，建议招聘一名首席营销官，帮企业进行更精准的包装以及对外形象展示。

对蓝鹰科技的建议是：把蓝鹰科技作为部队转业的代表做大力宣传推广。既可以作为衡阳的名片，也可以给广大的退伍军人做样板。企业可以通过跨界整合，找到商业模式的融通性和发展性。

对羽未文化的建议是：作为专业媒体人转型，可以跟传统媒体进行结合，作为传统媒体内容端的补充，或者是对接服务。在商业模式上进行上下游延伸，这样的衍生不仅是企业自身的拓展，更多的是把企业特色发挥出来，找到有需求的企业进行嫁接合作。最后，要走出来对接全国的自媒体。

最后，企业家代表代表了我们衡阳的技术，代表了我们衡阳的精神，代表了我们衡阳的颜值，船山论坛形式多样，希望船山论坛越办越好！

本期小结

做企业尤其是初创企业，总是面临各种困难与风险，例如市场半径局限、人才不够用、融资受阻、市场培育见效慢、技术替代风险、资质与市场准入门槛政策的变化等。专家的建议与帮助给予了企业家信心与力量。例如，建议衡阳市网大物联科技有限公司争当头部企业的落地生态合作伙伴，以稳定的盈利模式吸引资本进入；建议湖南省蓝鹰科技有限公司加强团队建设，要有懂农业的、懂机械的、懂研发和大数据的，还要懂市场推广，建议考虑结合上下游，进行跨产业合作；建议衡阳市羽未文化传播有限公司加强与祝融学院开展直播领域的全面合作等。只要企业本身是“贵人”，必定自有“贵人”来相助。

船山论坛（第二十期）

企业发展与政府支持

本期金句

企业的核心竞争力要精炼总结，公司的成长要聚焦到自己的历史观念，回答清楚自己是谁。技术领先期往往很短，如何聚焦自己的核心技术最为关键。

——夏利锋

研发容易产生技术幻觉，但脱离不了商业的本质，要更切合当地实际，以点带面突破商业跨度。

——居 琰

企业成长如果只是仰赖于政府的支持，就永远长不成参天大树。要聚焦自己的核心竞争力，努力做得比别人更快，做到极致。

——刘 洋

站在企业层面，要做好顶层设计和整体规划，我们的企业是做什么的，我该做什么，我能做什么，我应该怎么做，最后我应该到哪里去。无论哪家企业都要着力打造自己的核心竞争力，这就是价值创造的问题，你是为哪部分人解决什么问题，一定要回答清楚。

——徐 帆

导师团

励凌峰

上海交通大学博士，上海圣博华康城市规划咨询有限公司董事长。上海现代服务业联合会副会长，上海青年高端创意人才，长三角十大文化创意产业领军人物，上海创意产业协会创意设计专委会执行主任，上海现代服务业研究院院长助理。

居 琰

中软国际高级副总裁、中软国际互联网ITS集团CEO兼总裁。本科、硕士、博士均就读于重庆大学，是全国人工智能领域较早的研究者和从业者，长期从事软件、信息化、电子政务、两化融合、产业技术创新等产业管理、发展及招商引资工作，先后发表文章30余篇，主研的成果曾获得省级科技进步奖项。

伍长春

上海善达投资管理有限公司董事长，江苏悦达善达股权投资基金管理有限公司总经理，江苏悦达金泰基金管理有限公司总经理，中国母基金联盟发起人及常务理事，江苏省基金业协会副会长，中关村股权投资协会副会长，清华大学工商管理硕士。管理20多支股权投资基金及FOF，总规模超百亿元。

张雪梅

上海善达投资管理有限公司合伙人，江苏悦达善达股权投资基金管理有限公司合伙人，江苏悦达金泰基金管理有限公司副总经理，澳门科技大学硕士。拥有15年产业、投资管理经验。

李　成

上海鑫丝腾企业管理有限公司董事长，上海创新创业50人论坛成员，全经联产业投资联合体副秘书长，国家工信部中小企业服务中心认证创业导师。

夏利锋

天津先进技术研究院副院长，国防科技大学博士、研究员级高级工程师，曾任长沙中电软件园董事长，多次获得军队科技进步奖、湖南省科技进步奖等荣誉。

刘　洋

湖南省湘诚物业集团有限公司党委书记、董事长，一级企业人力资源管理师、心理咨询师、物业管理师，中国物业管理协会标准委员会专家，中国物业智库专家，湖南智慧社区研究所名誉所长，湖南省物业行业专家，长沙市物业管理招投标专家。

徐　帆

丰厚资本合伙人，毕业于浙江大学，曾任盛大网络总部品牌市场公关总监、云果云鹦科技董事长兼CEO。

企业路演

湖南新节奏智能科技有限公司

屈典花　湖南新节奏智能科技有限公司董事长、总经理

公司拥有国内领先的计算机视觉识别和人体感知等核心技术，专利和软件著作权近百项，是国内最早从事AR技术、体感技术研发和应用内容开发的团队。公司将AR技术与教育教学相融合，用AR传递科学知识，是智慧教育的先行者，为智慧教育增添了许多亮点。公司系湖南首家将5G+AI/AR技术嫁接到教育及各个领域、实现智慧科技创新的智能科技企业。

目前，公司与教育部和华师大等建立了战略合作关系，服务全国三千多家学校和教育机构，拥有丰富多样的产品解决方案和综合服务能力。

同时，公司基于VR、AR、AI、MR等数字技术定制内容开发，围绕城市、文化、教育、军事、科普、博物、旅游和娱乐等领域，专注于互动体验场景的软硬件应用研发、生产、销售和运营。

导师支招

朱　健：从三个层面给你建议，第一个层面是儿童教育，可以设计产品销往家庭，这是你擅长的方向。针对学校，如果你认为目前的产品服务还比较成熟，同样可以落实，无论是对公办的还是民营的。第二层面是社交休闲，社交信息平台在这个领域当中又有不同层，第一可以推进一家商业综合体。第二可以结合商业综合体或者有些地方的健身房。第三层面是专项教育，今天先讲三个项目。第一个就是禁毒馆，重点呈现吸食完毒品之后人体骨骼的变化、人的老化这些景象，起到强烈的警醒作用；第二个是抗战纪念馆，现在只有墙面上的展板，离时代太远了；第三个是东洲岛的古代书院，现在冷冷清清，是否能把船山文化分解成篇章进行展演。

夏利锋：企业的核心竞争力要精炼总结，你的团队对AR、VR虚拟现实技术与教育的结合，有执着的认识，有发自内心的热爱，并且在形成了专利核心技术后，公司的成长要聚焦到自己的历史观念，然后回答清楚什么最关键。进入产业的时候，所谓的技术领先期往往很短，如何聚焦自己的核心技术，这是最为关键的。

励凌峰：清楚自己的商业模式，聚焦自身的主要应用场景，虚拟现实是基于对现实的区别，而所有的现实是基于对我们生产工艺的模拟或者是生产环节的模拟，所以必须得懂客户经营的现场。

居　琰：多听专家对商业上的建议，做研发容易产生技术幻觉，但脱离不了商业的本质，让专家帮忙看看商业计划如何更加地完善和成熟，更加切合衡阳实际，然后以点带面突破商业跨度。

李　成：理想很丰满，现实很骨感。AR、VR技术从我认知到现在已经有数十年了，在这个领域里面去创业确实是有难度的。

我发现你是样样都做，硬件、软件、研发、应用全部都做，这样可能样样都做不好。因为企业还没有达到要上下游全部都打通的这个时候，所以说即便你现在已经是统一项目，我觉得你应该把80%的经费放在研发上面。

刘　洋：企业成长如果只是仰赖于政府的支持，就永远长不成参天大树。你的切入点确实非常好，你的资源禀赋和技术能力是能“打进去”

的。聚焦自己的核心竞争力，考虑在软件的应用层面，如何比别人做得更快，做到极致。

伍长春：公司整体定位有点模糊，到底是软硬件的系统集成商还是软件供应商，这个问题要想清楚。

湖南云航教育科技有限公司

周　航　湖南云航教育科技有限公司总经理

公司创立于2017年，是衡阳高新区一家集软件开发、系统集成及IT产品销售于一体的互联网+应用解决方案的高科技企业。公司致力于小程序开发、软件开发、营销、运营、衍生等全产业链发展，在全市具有一定的市场占有率。发展至今，公司的产品已获得口碑和市场的双重认可。公司荣获“创青春”创新创业大赛、中国青年App大赛全国铜奖。公司拥有强大的技术研发团队，核心技术有：AI算法、物联网技术、大数据统计，为门店、民企、国企提供专业的软件技术服务和网络运营、优化、营销等互联网生态服务，也为实体产业打造线上线下相结合的模式，实现企业快速互联网化，如南华大学、中石油、泰阳电器等。

导师支招

朱　健：风口是非常重要的。互联网传统行业已经完全不出风头了，虽然在城市间还存在时间差，可能你的第一桶金是便宜，但便宜绝不应该是你的企业优势，因为任何一个创业领域的门槛都不应该是便宜的。不能不停向政府要资源，政府可以给你第一桶金，但企业不能永远把自己当作大学生创业团队。成长不够时就要反思为什么我的拐点没有到来，企业是否要转型，去否定自己，要勇于否定自己然后再找到突破口。销售团队除了突击打法之外的销售路径，要有自己别样的打法，把知识点格局拔高，向北上广深最顶尖公司的打法看齐。

张雪梅：扎根在衡阳，把衡阳市场做好，你不应该提问题，而是要找到解决问题的方法，找到自己适合的路径。整体来看，感觉你还是创意企业，还没有真正找到怎么去转化创意和创业，这个对你很重要。作为软件企业，其实你驻扎在三、四线城市，最好的方法就是复制拷贝，你可以把大城市的软件，和衡阳本地的需求精准化结合，从而落地。

徐　帆：价值创造还是创造价值？站在企业层面，首先要做好顶层设计和整体规划，我们的企业是做什么的，我该做什么，我能做什么，我应该怎么做，最后我应该到哪里去，这几个问题先要回答好。无论哪家企业都要着力打造自己的核心竞争力，这就是价值创造的问题，你是为哪部分人解决什么问题，一定要回答清楚。

湖南雁谷软件有限公司

辛　筱　湖南雁谷软件有限公司联合创始人

公司创立于2015年，坐落于衡阳市高新区创新中心A座，是一家以区块链应用研发、大数据采集分析、软件开发等为核心的科技型企业。公司自有研发人员15人，并与中南大学和南华大学进行产学研合作和科研成果转化。公司以市场为导向，不断开拓创新，丰富自主研发产品内容，增强优质服务理念，为客户提供全方位解决方案。公司目前拥有十几项软件著作权，已进入省级高新技术企业预审名单。

公司核心产品：基于区块链技术的中小企业融资平台、订单库存融资平台、智慧工会系统等。

公司部分客户：中国邮政储蓄银行湖南省分行、湖南省农村信用社联合社、中南大学、南华大学、邵阳市中心医院、南华大学附属第一医院等。

导师支招

朱　健：首先，基层技术研发需要的人才要求还是比较高的，投入情况要能够支撑现在的研发体系。其次，做非常大的整个区块链产业的金融平台，投入和可获得的市场以及能力要能够相匹配。

徐　帆：区块链是一个新兴技术，在网络空间当中，怎样利用链的方式来建立共识呢？不管是什么样的公司，都要去清晰地定义自己到底是谁。

居　琰：区块链技术本身不要再去细分，一旦细分很多，你就变成了技术方案提供商，供应链金融是区块链企业成长做大的唯一出路。

夏利锋：区块链技术要想成长和壮大，政府要带头利用平台整合资源。区块链本身是一种技术，要做中小企业创新平台或者供应链金融平台，需要有国有平台帮你。本质和核心就是政府要围绕区块链技术，建立利用区块链技术当中有可能带来的风险和损失以及利用平台建立一个互信的机制。

励凌峰：区块链是兼具大数据和AR的双重合并，这个就是区块链最本质的特点。所以要切入到产品当中去，然后利用衡阳当地的优势产业，搞传统产业的转型升级，衡阳的生命力就在于有800万勤劳的人民，有复杂的场景，有雄厚的传统产业的基础，衡阳的区块链技术，衡阳的数字经济就该围绕着这个展开，这是大有可为的。

导师分享

居　琰：数驱产业，智造衡阳

第一个方面，谁最懂数字化转型?

传统企业最懂数字化转型，他们也了解数字化转型的紧迫性，但是存在一个问题，传统企业不懂IT语言和软件语言。伟大的企业都是起于自己的标准和规范，很多传统企业在行业内能取得一定的领军地位和行业地位，实际上积累了本行业的大量优势，只是传统企业不知道怎么样数字表达，而这些正是软件企业该去做的尝试。我们要用自己的语言去帮助他们形成规范性标准。

第二个方面，我们该怎么做?

不同的企业有不同的问题和特点，我们不是来监督的，最重要的在于我们能不能将它们的共性问题挖掘出来，并且在这个基础上形成我们自己的平台。我们要刻画出传统企业的知识图谱，刻画出你的样子，你是个什么样的企业，你有哪些产品，你的产品在整个链条当中处于什么样的位置等。一定程度上To B的数字化转型就存在大量的商机，所以最大的问题不是说没有数字化转型需求，而是商机对接的成本太高。

第三个方面，什么能够解决数字化转型?

我们认为不是技术，更多的是模式和思路，这个最关键，因为技术绝对不是万能的。问题出在我们能不能把它的真实欲望和真实的数字表达出来。

软件产业本身是一个助推器，软件产业跟传统产业有机的融合才是数字经济。在这个过程当中，趁着市场在这，政府可以多做大平台，做完善机制、创新体制的事情，大众创业万众创新，我们一定程度上会在这个领域遇到极大的挑战，因为这个领域是信息技术瞬间变化的。

我们认为衡阳蓬勃发展的基础，不是我们这样的大企业，应该是今天三个这样类型的企业，如果有1 000家这样的企业诞生在衡阳，衡阳一定是中国中部一朵璀璨的经济转型的城市之花。

伍长春：如何运用政府引导基金推动地方产业发展

产业发展的真正源头和实际最需要产投融相结合的区域，是类似于衡阳这种三、四线城市，这才是现在中国经济发展最直接、最需要产投融资的地方。

那么衡阳的优势在哪里，未来要发展哪些产业?然后在产业基金里面去做专项的基金，最核心的就是要让政府产业引导基金化为真正的可持续运转和可持续发展，而管理公司一定要深入到政府的核心诉求，就是区域经济的发展。管理公司追求的是财富收益，但是政府追求的不仅仅是财富收益，或者说财富收益是最少的一部分，而更追求经济效益和社会效益的双重发展，这才是政府最需要的，政府真正需要的是地方经济、地方产业的放大和转型升级。

我们认为政府引导基金必须要两手抓，两手都要硬。

第一手就是要成为区域经济产业招商引资的抓手。每个区域和政府都在鼓励招商引资，但招商引资的手段和方法都是给地、给政策和给税收优惠，这些套路都是差不多的。所以，首先要知道中小企业或者大的产业为什么要落地在这，然后，我们的优势在哪里，我们怎么样去为企业培养他们持续成长的空间，这些是需要我们思考的。

现在有了产业基金之后，产业基金的研究团队就会和区域招商引资团队深入沟通，去告诉他们基金招商是怎么招的，怎么跟政府招商结合起来，怎么去判断企业落地可行性、未来成长可行性，企业是否符合衡阳产业规划，是否能够在衡阳找到相互依存的上下游产业集聚空间，这是要思考和重点去突破的问题。

第二手就是成为区域产业做大做强的推手。建立中小企业的产业基金，有这个资助之后就要形成产业集群。作为基金管理公司，并不是为企业找客户，而是要为他们搭建一个供应链体系，为他们营造一个产业集聚的环境，为他们跟政府之间的沟通搭建一个更便捷的渠道。同时，要推进企业走向智能化，走向资本市场，并引入更多的纯市场化的基金去投资。

导师团总结点评

励凌峰：聚焦产品和企业的地位，去寻找价值点，去寻找价值的突破。什么是价值点？对C端客户要有好的客户体验，这就是价值点。我们需要明确的发展模式，要去找到我们的市场，去发掘我们客户的共鸣，最后形成我们自己的商业盈利模式。

科技变化和政府对数字基建、信息建设的这些政策给科技企业带来了无限大的机会以及负担。

我还想说的是这几位企业家有两个都来自一线城市，现在扎根衡阳，来发展我们衡阳的高科技，这其实非常值得敬佩，我自己的企业跟政府做很多的顶层规划、产业规划和产业园区，我一直给大家讲，现在中国的机会不在那些大城市，而在我们大都市圈里的中等城市，这是我们的机会。衡阳的企业可以享受长江中游的发展机遇，享受粤港澳大湾区这样的机会，享受特大城市的支持益处，用更低的商务成本，聚焦在政府政策和支持层面上，我们的机会就会变得非常的大，我们要以世界的眼光和格局去做好衡阳的发展。

还要做好政企的联动，需要研究政府控股，研究政府投资。人民城市人民建，城市其实是一个巨大的市场，不要害怕市场，要把政府当成一个市场，这样就能更好地帮助我们自身的发展，助推整个衡阳经济。

本期小结

创业者的成功一要找准市场方向，为市场提供自己独特的价值；二要用好政府的力量，获得政府的各种政策优惠与人力物力财力的支持。但是，独特的价值不是永恒的，企业必须不断创新、不断自我迭代更新，不能依赖政府的支持，创业者必须尽快自立。所以市长对湖南云航教育科技有限公司说：不能向政府不停地要支援，政府可以给你第一桶金，但不能永远把自己当作大学生创业团队，成长不够时就要反思为什么我的拐点没有到来。所以专家说：做好政企的联动，需要研究政府控股，研究政府投资等。当然，政企的关系必须是“新型政商关系，概括起来说就是‘亲’和‘清’两个字”。